KB210711

조만식

조만식

오병학 지음

규장

사랑과 화평의 사람

　　　　'도산 안창호가 희망의 사람이었다면,
고당 조만식 선생은 진실의 사람이었다.'

　'도산 안창호를 중국의 쑨원에 비긴다면, 고당 조만식 선생은 인도의 간디에 비길 수 있을 것이다.'

　'고당 조만식 선생은 우리 민족의 사표였을 뿐만 아니라 하나님에 대한 절대적인 신앙을 가진 자였다.'

　많은 사람들이 고당 조만식 선생 하면 이런 말들을 먼저 떠올린다. 그만큼 그는 우리 민족이 낳은 진실과 사랑과 인격의 화신이었다.

　진실 앞에서는 적이 없다는 말도 있다. 고당은 이런 진실한 마음으로, 적의 행위는 미워하더라도 적 자체는 사랑하려 했다. 그것은 예수 그리스도에게서 배운 고결한 정신이었다.

　일본이 우리나라를 강탈하고 온갖 탄압정책을 극단적으로 자행할 때에도 그는 한 번도 '왜놈'이니 '일본놈'이니 하는 상스러운 말은 쓰지 않고 단지 '저들' 혹은 '그네들' 하며 그들에게 향한 분노를 사랑하는 마음으로 삭이려 했다.

　그러면서도 그는 일본인들의 불의에 대항하여 끝까지 싸운, 투철한 민족 지도자요, 훌륭한 종교인이었다.

　일본의 세력이 꺾이고 우리나라가 해방을 맞이했을 때에도 고당은 겨레를 향하여 다음과 같이 외쳤다.

"절대로 물러가는 일본인들을 해치지 마십시오!"

그러던 그가 해방 후에는 일제보다 더 악랄한 공산 치하에서 반탁 투쟁에 앞장섰다. 민족의 자유를 위해서였다.

물론 이때에도 그는 공산주의라는 이념과 제도는 끝까지 배격했지만 사람을 미워하지는 않았다.

이러한 그야말로 참된 인간 사랑을 보여준 탁월한 인품의 소유자였다. 그의 사랑의 정신은 오직 하나님을 섬기는 신앙에서 우러난 지고한 경지의 종교적 사랑이었다.

누구나 말하기는 쉬워도 그대로 행동하기는 어렵다. 그러나 고당에게는 행동이 곧 말이요, 메시지였다. 그는 언제나 실천을 강조했고, 실제로 그렇게 살다 간 사람이었다. 그래서 사람들은 그를 가리켜 '실천의 제왕'이라고까지 불렀다.

이 책에는 그런 고당의 전모가 그대로 담겨 있다. 그의 행적은 개인주의에 빠진 이 세대의 이기적인 청소년들에게 많은 도전과 충격을 줄 것이다. 이 책을 통하여 오늘도 만인의 추앙을 받고 있는 고당을 만나보길 바란다.

오병학

5

차례

지조가 굳은 사람

1945년 11월 중순 어느 날, 김동원 장로는 며칠 전에 북쪽에서 내려온 한근조 선생을 데리고 이승만 박사가 머물고 있는 돈암장으로 들어서고 있었다. 아직까지 북쪽에 머물고 있는 고당 조만식 선생의 근황을 직접 들어보고 싶어서 이들을 청했기 때문이다. 두 사람이 응접실에 이르자 이승만 박사는 두 사람을 반갑게 맞아주었다.

"어서 오십시오. 기다리고 있었습니다. 이렇게 와주셔서 정말 고맙습니다."

"초대해주셔서 오히려 저희가 감사합니다."

먼저 이승만과 김동원이 인사를 나눈 후, 김동원은 한근조를 소개했다.

"박사님, 이분이 바로 엊그제 북쪽에서 내려오신 한근조 선생입니다. 우리 두 사람은 오랫동안 평양에서 조만식 선생과 함께 중요한 일들을 수행했습니다."

"중요한 일이라니, 어떤 일입니까?"

"기독교청년회(YMCA) 활동과 물산장려운동*입니다."

"참으로 중요한 일을 하셨군요. 그런 분을 이렇게 만나게 되니 더욱 반갑고 기쁩니다."

"초청해주셔서 감사합니다."

한근조가 겸손히 허리를 굽혀 답례했다. 민족의 숙원인 8·15 광복을 맞긴 했으나 세 사람은 지금 현재에서 밝은 희망보다는 오히려 암담한 먹구름이 한반도를 휘감고 있다고 생각했다. 광복 직후에 김일성이라는 사람이 북쪽에 주둔한 소련군의 옹위를 받으며 공산주의 국가를 세우려는 조짐이 있었기 때문이다.

"한 선생님, 현재 북쪽의 상황이 어떤지 좀 더 자세히 들려주시겠습니까?"

이승만이 이야기를 주고받다가 한근조에게 물었다. 한근조는 잠시 생각에 빠진 듯하더니 심각한 표정으로 말했다.

"한마디로 지금 북쪽 사람들은 모두가 어리둥절해 있는 상태입니다. 소련군이 데리고 들어와서 내세우고 있는 김일성 장군이라는 자에 대하여 의심스러운 점이 많기 때문이지요."

★ 물산장려운동 일제 강점기에 우리 민족이 펼친 경제 자립 운동. 1922년 조만식을 중심으로 한 전국적 규모의 민족 자립 운동이다. 국산품 애용, 소비 절약, 자급자족, 민족 기업의 육성을 내걸고 강연회와 시위 선전을 벌였다.

"어떤 점이 말입니까?"

"오랫동안 장백산 계곡을 누비며 일본군과 싸운 김일성 장군이라면 지금쯤 일흔이 족히 넘는 노인이 되었을 텐데, 소련군이 내세우고 있는 김일성 장군은 이제 겨우 서른 안팎인 새파란 젊은이거든요. 그러니 의심하는 것은 당연한 일이지요."

한근조의 말은 사실이었다. 1945년 10월 중순에 소련군은 '김일성 장군'이라는 젊은이를 내세우며 우리 민족에게 그의 명령에 복종하라고 요구했다. 그러나 평양 시민들은 그것이 곧 소련군의 속임수라는 것을 눈치 채고 매우 분하게 여기고 있었다.

"그렇게 새파란 놈이 김일성 장군이라니."

"그래, 저런 젊은이가 오랫동안 일본군과 싸움을 해온 영웅이란 말이야?"

"이건 소련군의 사기가 분명해. 도대체 무슨 속셈을 가지고 이러는 걸까?"

해방 직후에 소련군이 김일성이라고 내세운 사람은 소련군 대위 출신의 '김성주'였다. 소련은 해방된 한반도 땅에 공산주의 국가를 세우기 위해 거짓 영웅을 내세운 것이다.

조만식 선생은 김일성이라는 자를 만나보고는 큰아들 연명에게 이렇게 말했다.

"내가 지금까지 들어왔던 김일성 장군은 나보다 훨씬 연로할 텐데 어찌된 일인지 내 눈앞에서 김일성이라고 말하던 사람은 나이가 너와 비슷해 보이더구나. 하지만 자기가 진짜 김일성이라니 그렇게 믿어줄 수밖에. 허허허."

소련의 계략과 김일성에 대해 이야기를 나누다, 이승만은 조만식의 근황을 물었다.

"한 선생님, 지금 조만식 선생님은 어떻게 지내고 계십니까?"

"초조하게 주변 상황만 주시하고 계십니다."

한근조는 말을 이었다.

"김일성이라는 자가 몇 차례나 조만식 선생을 찾아와서 조국을 위해서 열심히 일하겠으니 협조해달라고 부탁하긴 했지만, 썩 내키지 않아 고심하고 계셨습니다."

"그렇군요."

"그 가운데 상황이 점점 불안해졌습니다. 그래서 제가 조만식 선생을 찾아가서 먼저 서울로 올라가겠다고 했더니 흔쾌히 허락하시더군요."

"그럼 특별한 부탁 같은 것은 없었습니까?"

"아닙니다. 있었습니다. 조만식 선생은 고하 송진우 선생과 인촌 김성수 선생을 꼭 만나 긴박하게 돌아가고 있는 북쪽의 정세를 자세히 들려주고, 속히 중앙 정계에서 손을 써서 해결책을 찾아보라고 하셨습니다."

이승만은 이 말을 듣고 몇 번이나 머리를 끄덕이더니 다시 한근조에게 물었다.

"한 선생이 조만식 선생님에게 상경을 직접 권유하신 적은 없었습니까?"

"서울로 가자고 말씀드려볼까 생각은 했지만 그러지 못했습니다. 상황이 어떻게 돌아갈지 몰라 말씀드릴 수 없었습니다."

이승만은 결연히 말했다.

"나는 지금 김구 선생님과 조만식 선생님이 속히 서울로 오시기를 바랄 뿐입니다. 두 분께서 저와 마음을 합하여 이 나라를 이끌어 가셔야 합니다."

"그게 정말이십니까?"

"그렇습니다. 김구 선생님은 이달 말 상하이에서 돌아오시기로 했습니다. 그러니 한 선생님이 나서서 조만식 선생님이 하루빨리 서울로 오시도록 해주십시오."

이때 김동원 장로가 궁금하다는 듯 이승만에게 물었다.

"이 박사께서는 어떻게 조만식 선생님을 아십니까?"

"직접 만나뵌 적은 없지만 미국에서 지내는 동안 한국을 다녀온 선교사들에게 많이 들었습니다. 조만식 선생님의 항일 투쟁이 대단했다고 말입니다. 40여 년 간 해외에 머물며 일제의 만행을 들으며 무척이나 답답했습니다. 그때 조만식 선생님의 이야기가 제게 큰 희망과 용기를 주었습니다. 지금 제겐 조만식 선생님이 꼭 필요합니다. 그러니 선생님이 서울로 오시도록 힘써주세요."

"잘 알겠습니다. 박사님."

이승만을 만나고 돌아온 한근조는 즉시 조만식에게 서울의 사정과 정계의 중요한 움직임, 이승만의 부탁을 편지로 썼다. 그리고 아들 한양섭에게 서둘러 평양에 있는 조만식에게 편지를 전하도록 했다. 이때만 해도 38선이 막히지 않아 남북을 쉽게 넘나들 수 있었다.

한양섭에게 편지를 받은 조만식은 깊은 한숨을 내쉬었다.

"남쪽의 사정이 어떤지 알 만하네."

한양섭은 조만식에게 간청했다.

"저희 아버지께서 평양에서 하루도 지체하지 말고 선생님을 모셔오라 하셨습니다. 그러니 내일 저와 함께 서울로 가주셨으면 합니다."

조만식은 흔쾌히 승낙했다.

"암, 내가 조국을 위해 할 일이 있다면 가야지. 내일 서울로 떠나도록 하세."

행여 조만식이 거절할까 불안했던 한양섭은 마음이 놓였다.

하지만 다음날 서울로 떠날 준비를 마친 한양섭은 뜻밖의 말을 들어야 했다. 무슨 연유에서인지 조만식은 하룻밤 사이에 생각이 달라진 것이다. 조만식은 상경을 단호히 거절했다.

"그게 무슨 말씀입니까! 어제 분명 서울로 가겠다고 하셨잖습니까?"

"물론 그랬네. 하지만 밤새 곰곰이 생각해보니 아무리 상황이 위급해도 이곳 북쪽에 살고 있는 백성들을 떠날 수가 없네."

"하지만 선생님, 이곳에서는 선생님의 안전을 책임질 수 없습니다."

"자네 말이 맞네. 이곳은 소련군과 공산당이 백성들을 어떻게 다룰지 모르는 상황이야. 그러니 이런 상황에서 더욱 나만 빠져나갈 수는 없어. 내가 이곳에서 백성들을 지켜야 하네."

"그럼 선생님의 목숨은 누가 지켜줍니까?"

"하나님이 계시는데 무엇을 염려한단 말이야. 내 목숨은 하나님이 지켜주실 게야."

두 사람의 대화를 초조하게 듣고 있던 둘째 사위 강의홍이 물었다.

"그렇다면 앞으로 어떻게 하시겠습니까?"

"나는 이곳 북쪽 동포와 운명을 함께할 참이네. 공산 치하에 허덕일 백성을 남겨놓고 혼자서만 떠날 수는 없어. 하지만 동지들은 서둘러 서울로 보내겠네. 그리고 후에 결정하여 가족들도 서울로 보낼 테니 걱정 말게나."

그의 이런 결단은 결국 민족을 위해 십자가를 짊어지는 것이었다. 그것은 곧 그리스도의 정신이었다.

"북쪽에 있는 백성뿐 아니라 남쪽에 있는 백성도 다 같은 우리 겨레가 아닙니까? 그런데 왜 꼭 여기에만 머물려고 하십니까!"

"남쪽은 아직 공산당의 영향력이 약하지만 이곳 북쪽은 언제 어떻게 될지 모르는 상황이야. 그런데 어찌 나만 살자고 여기를 떠날 수 있겠나. 그러니 이제 더 이상 그 이야기는 하지 말고, 어서 자네라도 떠나게."

평소 조만식은 온유하고 인자한 사람이었으나 그가 한 번 결정한 일에 대해서는 그 누구도 그의 마음을 되돌릴 수 없는, 강직한 사람이기도 했다. 조만식의 이런 성품을 알기 때문에 한양섭은 더 이상 아무 말도 할 수 없었다.

"그렇다면 선생님, 제 아버지께 이런 선생님의 마음을 편지로 써주십시오."

하지만 조만식은 이조차도 거절했다.

"그것도 그만두세. 만약 자네가 그걸 가지고 가다가 잡히면 어떻게 되겠는가. 부디 몸조심하고, 가서 내 생각을 잘 전해주게."

조만식의 성품을 잘 아는 한근조는 아들로부터 조만식의 생각을 전해 듣고 몹시 안타까워했다. 그 후에도 많은 사람들이 조만식에게 평양에서 나와 서울로 오라고 부탁했지만 그는 뜻을 굽히지 않았다.

한편 이보다 앞서 1945년 11월 3일, 조만식은 공산주의자들의 온갖 방해 공작을 무릅쓰고 평양에서 '조선민주당'을 창당했다. 이날은 마침 광주학생운동 기념일이어서 더욱 의미가 깊었다. 그는 북쪽 땅에 공산 정권이 들어서는 것을 막기 위해 조선민주당을 창당한 것이다. 그의 이런 취지가 전해지자 뜻을 같이하겠다고 나선 애국 동포들이 북쪽 전역에서 모여들어, 금세 50만이라는 당원이 확보되었다.

그러나 조만식이 조선민주당을 창당한 지 두 달도 못 되어, 1945년 12월 말에 모스크바에서 열린 미국과 소련과 영국의 삼상회의에서 앞으로 5년 동안 한국을 신탁통치* 하겠다는 결정이 내려졌다. 사실 신탁통치는 또다른 식민통치에 불과했다.

온 겨레는 연일 신탁통치 반대운동을 벌였다. 일본의 압제에서 벗어나 해방의 기쁨을 누리기도 전에 또다시 국권을 빼앗길 입장에 처하자 너 나 할 것 없이 모두 신탁통치 반대를 외쳤다.

★ 신탁통치 다른 나라가 임시로 우리나라를 맡아서 대신 통치하는 것

그런데 처음에는 남쪽과 마찬가지로 신탁통치 결사 반대라고 하던 북쪽의 공산당이 소련의 사주를 받고 느닷없이 신탁통치를 찬성한다며 돌아섰다.

그런 상황 아래에 있던 어느 날, 자칭 김일성 장군이라는 사람이 조만식을 찾아왔다.

"조 선생님."

"무슨 일입니까?"

"나는 아무래도 신탁통치를 찬성해야겠다는 생각이 듭니다."

"왜 그런가요? 무슨 뜻에서 그런 말을 하는 것입니까?"

"한반도가 이념 분쟁으로 이렇게 혼란한 가운데 있으니, 차라리 신탁통치를 받는 편이 나라를 수습하는 데 훨씬 더 낫지 않겠습니까?"

"안 됩니다. 도대체 이념 분쟁이란 것을 만든 장본인이 누구인가요? 그리고 이제 와서 그런 일을 핑계로 또다시 국권을 남에게 팔아넘긴단 말입니까? 안 됩니다. 그건 절대로 안 됩니다."

조만식은 흥분하여 김일성을 향해 큰소리로 말했다. 그러나 그가 돌아간 지 며칠 안 되어 소련군 총사령관 치스차코프가 다시 조만식을 찾아와서 설득하려 하였다.

"조 선생님, 신탁통치는 한국을 완벽하게 독립시키기 위한 방안입니다. 그러니 선생께서도 찬성해주십시오."

하지만 조만식은 한마디로 거절하였다.

"지금 당신이 한 말은 우리나라의 국권을 침해하고 있는 말입니다. 당신들의 속셈을 모를 것 같습니까! 우리나라를 위하는 것처럼 가장하지만 그런 기만이 어디 있습니까. 어서 돌아가십시오."

이렇게 완강히 나오자 치스차코프는 나중엔 협박을 하면서 조만식의 마음을 바꾸어보려고 했다. 하지만 그렇다고 해서 한번 정한 뜻을 굽힐 사람이 아니었다.

조선민주당을 이끄는 조만식의 반대에 부딪친 소련군은 얼마 동안 잠잠하더니, 마침내 자신들이 조만식을 포섭하여 만든 평남인민정치위원회*를 소집하였다. 당시 평남인민정치위원회 의장은 조만식이었다. 이 회의에 참석한 대부분의 공산당 위원들을 선동하여 조만식의 뜻을 꺾기 위해서였다.

"신탁통치를 찬성해야 합니다."

"우리의 뜻은 굽힐 수 없습니다."

"반동자는 타도합시다."

이런 구호로 장내는 떠나갈 듯하였다. 그러나 이런 위기 속에서도 조만식은 자리에서 벌떡 일어나면서 단호하게 말했다.

"내가 의장 자리에 앉아 있는 한은 절대로 신탁통치 찬성안을 통과시킬 수 없습니다. 거듭 말하지만 신탁통치는 또 하나의 식민통치나 다름없습니다."

그러자 장내는 벌떼같이 들고 일어났다.

"그게 무슨 소리요?"

"저따위 의장은 당장 갈아치워라!"

"신탁통치 반대자는 반역자다!"

★ 평남인민정치위원회 조만식은 해방 후 '조선건국평남준비위원회'를 만들었다. 그 후 소련군은 건국준비위원회를 '평남인민정치위원회'로 재조직했다. 평남인민정치위원회는 민족주의 진영과 공산주의 진영이 같은 수로 구성된 연립정부 형태였다.

그런 흥분된 분위기에서도 조만식은 물러서지 않고 군중들에게 신탁통치 반대의 정당성에 대해 차근차근 말했다.

"신탁통치는 애초부터 우리나라 사람들이 결정한 게 아니라 다른 나라 사람들이 멋대로 결정해 놓은 일입니다. 이런 일부터가 벌써 주권을 빼앗긴 것이 아니고 무엇입니까. 그런데 이런 일을 우리가 찬성할 수가 있겠습니까! 해방의 기쁨을 누리기도 전에 또다시 남의 나라에 주권을 넘겨야 합니까? 우리 온 겨레의 가슴에 또다시 그런 아픈 고통을 안겨준다는 것은 너무 잔인한 일입니다. 이젠 더 이상 힘없는 나라라 하여 강국의 희생물이 될 수는 없습니다."

그가 이런 말을 남기고 단에서 내려와 간부들과 차례로 작별의 악수를 나누기 시작하자 장내는 물을 끼얹은 듯 조용했다.

그런데 잠시 후 예상하지 못한 일이 일어났다. 조만식이 회의장 밖으로 나가자 미리 대기하고 서 있던 낯선 사람들이 그를 군용차에 태우고는 급하게 어디론가 사라졌다. 그 뒤로는 소련군 지프차가 바싹 따라나섰다.

얼마 후 군용차는 고려호텔 앞에 멈추었고, 조만식은 그곳에 갇혔다. 그리고 동시에 조선민주당 사무실은 폐쇄당하고, 당원들 역시 붙잡혀 가거나 살 길을 찾아 뿔뿔이 흩어지고 말았다. 이승만이 조만식에게 상경하라고 당부한 지 약 한 달 반 남짓 지난 후에 일어난 일이었다.

조만식이 갇혀 있는 고려호텔 주변은 경계가 삼엄했다. 둘째 아들 연창과 둘째 사위 강의홍 외에는 누구도 그를 만날 수 없었다. 조만식을 만난 아들과 사위는 그가 탈출하기를 바라는 조선민주당 젊은이들의 뜻을 전했다. 하지만 조만식은 북쪽을 공산당으로부터 지켜야 한다는 뜻을 굽히지 않았다.

"나는 북쪽 땅을 떠나고 싶지 않구나. 그러니 탈출이 무슨 의미가 있단 말이냐. 나는 이 땅의 1천만 동포와 살아도 같이 살고, 죽어도 같이 죽을 거야. 이것은 내가 섬기는 하나님께서 명하신 일이지…."

조연창과 강의홍은 아무 말도 할 수 없었다.

그 후 소련은 그의 아내 전선애에게 남편을 면회하도록 허락해주었다. 조만식의 아내는 어린 딸 선영과 아들 연홍 그리고 연수도 함께 데리고 갔다. 면회를 마칠 즈음, 조만식은 부인에게 봉투 하나를 내밀면서 조용히 말했다.

"이건 내 머리카락을 담은 것이니 가지고 가서 소중히 보관하시오. 그리고 언제 다시 만날지 모르겠지만, 부인은 아이들을 데리고 어서 남쪽으로 내려가시구려."

유언과 다름없는 말이었다. 전선애는 가슴이 미어져 울음을 터뜨렸다. 아내와 자식을 바라보던 조용히 조만식은 찬송가를 부르기 시작했다. 마치 마지막 작별의 인사를 나누듯 아이들도 함께 불렀다.

우리 다시 만날 때까지

하나님이 함께 계셔

훈계로서 인도하며

도와주시기를 바라네

다시 만날 때 다시 만날 때

예수 앞에 만날 때

다시 만날 때 다시 만날 때

그때까지 계심 바라네

그 후 조만식은 겨레의 기대를 뒤로한 채 소식이 끊어졌고, 지금까지 생사를 알 수 없다. 그가 공산당의 손에 죽었을 것이라는 추측만 남아 있을 뿐 그 사실을 확인할 수조차 없다. 조만식은 그렇게 우리 앞에서 사라졌지만 그의 빛나는 생애는 역사 위에 영원히 남을 것이다.

어린 시절

고당 조만식은 임오군란이 일어난 다음 해인 1883년 2월 1일 평안남도 강서군 반석면 반일리 안골에서 태어났다.

강서군은 척박하고 천연자원이 부족하여, 열심히 일해야만 살 수 있는 지역이었다. 그래서 '강서 기질'이라는 말이 나올 만큼 이곳 사람들은 생활력과 투지력이 강했다. 게다가 평안도 일대에서 가장 먼저 근대 교육이 일어난 곳이었고, 기독교 정신이 가장 빠르게 배양된 곳이기도 했다. 당시 이 지방에 세워져 있던 '문천의숙'은 사범 학교의 선구로 이름을 널리 떨치고 있었다. 이 학교 출신 중에는 해외까지 나가서 활발하게 활동한 이들이 많았다.

조만식은 이런 강서 지역의 특성으로 일찍이 근대 교육과 기독교 문화를 접할 수 있었다. 또 후에 강서 기질을 닮은 온화하고 강직한 성품으로 존경을 받았다.

안골은 한 마리 학이 무등산을 등지고 날개를 활짝 펴고 서 있는 모습을 닮아서 지어진 이름이다. 안골은 대대로 창녕 조씨 가문이 모여서 살던 마을로, 이곳 사람들은 조상 때부터 이곳에 자리 잡고 살았지만 살림이 넉넉하지는 않았다. 그래도 조만식의 집은 100섬이 넘는 곡식을 수확할 수 있는 비교적 풍족한 집이었다.

아들이 없던 조만식의 집에 그가 태어난 것은 큰 경사였다.

"여보, 아들이에요."

"어허, 고생했소. 더 이상 자식 복이 없나보다 했는데…."

아버지 조경학은 목이 메어 말을 잇지 못했다. 첫딸 보패를 낳은 지 5년 만에 낳은 아들이었다.

조경학은 학식과 덕행을 겸비한 선비였다. 그는 인자하면서도 자녀 교육에는 엄격했다.

"얘, 만식아."

"예, 아버지."

"사람이란 모름지기 겉은 부드러워도 안은 강해야 한다. 남을 대할 때나 말을 할 때는 부드럽게 해야 그들을 끌어안을 수 있고, 안으로 강인해야 자기를 철저하게 단속할 수 있는 법이지."

"그런데 아버지, 사람이 어떻게 그렇게 두 가지 태도를 동시에 가질 수 있어요?"

"얼핏 들으면 이 둘이 상반된 것처럼 보이지만 사실은 그렇지 않아. 자신에게 강한 사람이 다른 사람을 잘 이해하고 포용할 수 있는 법이지."

"잘 이해가 되지 않아요."

"만식아, 사람이 왜 두 부모 사이에서 태어나는 줄 아니?"

"아니오."

"아버지에게서는 엄격한 정신을 배우고, 어머니에게서는 따뜻한 사랑을 배우라고 천지신명이 그렇게 점지한 거야. 알겠니?"

"네, 아버지. 저도 강하고도 부드러운 사람이 될 거예요."

조만식의 아버지는 유교적으로 아들을 교육시켰다. 어머니 역시 현숙한 여인으로 아들의 인성 교육에 온 정성을 기울였다. 부모님의 교육과 강서 지방의 강인한 기질을 이어받아, 조만식은 다른 사람들에게는 관대하지만 자신에게는 엄격하고 강한 사람으로 성장했다.

조만식은 여섯 살 때부터 서당에서 글공부를 시작했다. 서당의 훈장은 평양 관내에서 이름 있는 한학자였다. 조만식은 훈장의 눈에 띄는 아이였다. 그는 개구쟁이였지만 또래 아이들을 인격적으로 대했고, 어른에게는 예의가 발랐다. 또 영리하며 공부하는 태도 역시 흠잡을 데가 없었다. 훈장은 늘 조만식을 자랑스럽게 여겼다.

"우리 서당 아이들 가운데서 앞으로 제대로 사람 구실 할 놈은 만식밖에 없다. 이 아이는 공부를 잘할 뿐만 아니라 신의가 강하고 사내다운 의협심도 강해. 이 아이의 언행과 지혜는 분명히 남다른 데가 있어. 겉만 어린아이지, 속은 어른과 다름없다니까."

조만식은 훈장의 말대로 강직하고 성숙한 사람으로 성장했다.

이런 아들을 보는 아버지의 마음도 흡족했다. 조만식이 이렇게 잘 성장할 수 것은 아버지의 엄격한 교육과 본보기가 되는 행동들이 있었기 때문이다.

아버지의 외아들 만식에 대한 사랑이 극진했지만, 아들을 훈육할 때는 엄했다.

'하나뿐인 아들이기에 더욱 바르게 길러야 한다.'

조만식의 아버지는 날마다 아침이면 옛 성현들의 말씀 한마디씩을 아들에게 들려주었다.

"옛날 증자란 분은 '나는 하루에 세 가지를 반성한다. 남을 위한 일에 성실히 임했는가, 친구에게 신의를 잃은 적은 없었는가, 내가 마땅히 익혀야 할 것을 익히지 못한 점은 없는가, 이 세 가지를 꼭 반성한다'라고 말했다. 얘, 만식아. 너도 이런 가르침을 받들어 너의 생활을 잘 다스려나가도록 해라."

그러면 조만식은 어린애답지 않게 허리를 굽히며 공손히 대답하곤 했다.

"예, 저도 그렇게 하겠습니다."

아버지는 조만식이 조그만 잘못이라도 저지르면 절대로 그냥 지나치는 법이 없었다. 잘못을 한 것만큼 엄하게 꾸중했고 반드시 회초리를 들었다. 그리고 아들의 입에서 잘못했다는 반성이 나오기 전에는 절대로 회초리를 놓지 않았다.

언젠가는 이런 일도 있었다. 종아리를 치던 회초리가 부러졌는데도 어린 만식의 입에서 잘못했다는 말이 나오지 않았다. 아버지는 곁에서 이를 지켜보며 엉엉 울고 서 있던 어린 둘째 딸을 향해 소리쳤다.

"얘, 은식아. 어서 다른 튼튼한 회초리를 가져오너라."

어린 딸은 벌벌 떨면서 다른 회초리를 가져다주었다. 그러자 아버지는 그것으로 다시 아들의 종아리를 치기 시작했다. 귀한 만큼 더 바르게 키워야 한다고 생각했다. 그래서 회초리를 부러뜨리면서까지 아들을 훈육한 것이다.

조만식은 훗날 그 시절의 일들을 회상하면서 이렇게 말했다.

나는 어렸을 적에 엄한 아버지로부터 '사람이란 의리가 있어야 하고 지조를 지키면서 살아야만 한다'라는 훈계를 귀에 못이 박히도록 들으며 자랐다. 날마다 듣는 그 가르침 때문에 내 인격이 그 말씀대로 형성되지 않을 수 없었다. 그리고 그것은 후에 받아들인 기독교 신앙과도 쉽게 융화되었다.

술고래가 변하어

        집안에서 조만식과 마음이 통한 사람은 다섯 살 아래인 누이동생 은식이었다. 오누이였지만 함께 어울려 놀 때는 소꿉친구와 다름없었다. 누이동생 은식은 나이 열일곱 살에 평양 중성에 살고 있던 이씨 가문으로 출가하였으나 3년도 채 못 되어 그만 남편을 여의고 청상과부가 되었다. 그러나 그녀는 선비의 딸로서 체통을 지키기 위해 그 후 50년 동안이나 수절했다.

    조만식은 여섯 살 때부터 열네 살 때까지 무려 8년 간 서당에서 한문을 익혔다. 그와 함께 공부한 친구 중에 한정교와 김동원이 있었는데, 이 세 사람은 훗날 모두 교회의 장로가 되어 평양에서 함께 활동하게 되었다.

    조만식이 서당에서 공부를 마칠 즈음에는 어느새 늠름한 소년이 되어 있었다. 그는 어려서부터 운동을 좋아해서 또래 아이들보다도 체격이 건장했다. 그의 빠른 몸동작은 주위 친구들에게 부러움을 샀다.

"만식이의 날랜 동작은 제비도 못 따라갈걸."

"만식이가 화살과 내기하면 누가 이길까?"

"어쨌든 만식이는 운동이라면 최고야."

당시 평양에서는 '날파람'이라는 경기가 유행했다. 날파람은 태권도와 비슷한 경기인데, 태권도처럼 개인적으로 대결을 하는 것이 아니라 편을 나누어 겨루는 경기였다. 날파람은 온몸을 부딪치며 하는 경기여서 위험하기는 했지만 아주 흥미진진했다.

조만식은 이 날파람을 아주 잘했다. 조만식이 날파람에서 보여주는 무술에 모두 혀를 내두를 정도였다.

"과연 만식이를 당해낼 사람은 없다니까."

"경기만 하면 신출귀몰하는 걸."

어린 시절부터 스포츠에 관심이 많았던 조만식은 이후에 체육 운동에도 큰 공헌을 했다. 후에 평양에 '관서체육회'를 창설하여 여러 가지 운동을 장려했던 것은 어찌 보면 당연한 결과였다.

조만식은 열네 살까지 한문 공부를 하고 열다섯 살 되던 해부터는 장사를 시작했다. 평양의 종로 거리에 삼베와 무명 등을 파는 포목점을 연 것이다. 조만식이 일찍부터 장사를 시작한 데에는 아버지의 영향이 컸다. 조만식의 아버지는 아들이 사회 경험을 풍부히 쌓기를 바랐다.

"만식아, 내가 포목점을 차려줄 테니 곧 평양으로 나가거라."

"예? 전 아무것도 모르는데 저더러 어떻게 장사를 하라는 말씀입니까?"

"모르긴 뭘 모른단 말이냐. 남자가 큰일을 하려면 세상에 나가 여러 가지 일을 경험해봐야 한다. 내가 지금 당장 너에게 돈을 벌어오라는 것이 아니지 않니. 내 말을 알겠느냐?"

"예, 아버지. 그럼 그렇게 하겠습니다."

"사람은 무슨 일을 하건 근면하고 정직해야 한다. 장사할 때는 더욱 그러니 이 점을 잊지 말아라. 상인에게 있어서 신용은 무엇보다 큰 자산이다."

"명심하겠습니다. 아버님."

조만식은 스물두 살까지 장사를 했다. 포목상을 운영하던 그는, 후에 친구와 동업으로 종이를 파는 지물상으로 업종을 바꾸기도 했다. 조만식의 가게는 번창했고, 경제적으로 여유도 생겼다. 그리고 무엇보다 아버지의 뜻대로 많은 사회 경험을 쌓을 수 있었다.

또 장사를 시작하던 1897년에는 두 살 위인 박씨와 결혼하고 아들도 하나 낳았다. 안타깝게도 큰아들은 발달 부진의 장애아로 태어나 스물여섯 살에 죽었고, 1902년에는 박씨 부인과도 사별했다. 그리고 그해에 이의식 여사와 재혼했다.

평양에서 상인으로 성공한 조만식은 술을 좋아해서 '대주가'라는 불렸다. 장사를 하다보면 사람들과 만나 술을 마시는 일이 많아지곤 한다. 조만식 역시 사업차 술을 마시기 시작했는데, 나중에는 마시는 술의 양이 너무 많이 늘어 '술고래'라 불렸다.

조만식의 어머니는 아들이 술을 많이 마시는 것을 너무나 안타까워했다. 어머니는 고주망태가 되어 들어 온 아들을 타일렀다.

"날이면 날마다 이렇게 술을 마시니 어떻게 네 몸이 성하겠니! 제발 정신을 차리고 술 좀 끊어라."

"어머니, 그런 말씀 마세요. 제가 술을 마시지 않으면 장사가 안 되는 걸 어떡합니까! 저라고 좋아서 매일 이렇게 마시겠어요?"

조만식의 음주는 날이 갈수록 심해졌다. 인사불성이 되어 들어오는 날도 많아졌다.

"이 지경까지 술을 마시다니, 도대체 왜 이러는지 모르겠어."

"이대로 뒀다간 패가망신하기 딱 알맞겠구먼."

"좌우간 무슨 수를 써야지, 더 이상은 안 되겠어."

조만식은 주위 사람들의 염려에도 아랑곳하지 않았다. 술에 찌들어 나중에는 모든 일이 귀찮게 여겨졌다.

'이거, 내가 왜 이러지. 이젠 주정뱅이가 다 되었네. 계속 이러면 큰일 날 텐데. 어서 술을 끊어야 되는데…'

가끔 정신이 들 때면 이런 생각도 했지만 그것도 잠시뿐이었다. 문밖만 나서면 자신도 모르게 발길이 술집을 향했다. 이제 그 누구도 조만식이 술을 끊을 수 없을 거라 생각했다.

하지만 하나님께서는 이런 그를 나라에 필요한 인물로 쓰시려고 섭리의 손길을 뻗기 시작하셨다.

1904년 노일전쟁이 터지자 평양 거리는 그야말로 뒤숭숭하였다.

"이거 야단났어."

"몇 해 전 청일전쟁 때처럼 이곳 평양도 얼마 안 있으면 쑥밭이 되겠는걸."

"그렇다면 당장이라도 피난길을 떠나야겠구먼."

조만식 역시 장사를 접고 동강 중류 지방에 위치한 벽지도를 향해 피난길에 올랐다. 이런 피난 생활이 조만식에게 큰 변화를 주었다. 장사를 그만둔 후에는 자연스럽게 술을 마실 기회가 줄어들었기 때문이다. 물론 술을 완전히 끊은 것은 아니었지만 예전처럼 많이 마실 기회는 없었다.

다행히 러일전쟁이 평양에까지 영향을 미치지는 않았다. 피난을 떠났던 사람들은 곧 그들의 고향으로 돌아왔다. 조만식 역시 평양으로 돌아왔지만 다시 장사를 하고 싶지는 않았다. 특별한 소일거리 없이 시간만 보내던 조만식은 친구 한정교를 만났다.

한정교는 어릴 때 함께 공부했고, 평양에서 동업도 했던 친구였다. 그런데 그는 이전과는 많이 달라져 있었다. 한정교는 그사이 하나님을 믿고 기독교인이 된 것이다.

"만식이, 자네 여전히 그렇게 술을 많이 마시는가?"

"아니. 조금씩 마시기는 하지만 장사할 때처럼 많이 마시지는 않는다네."

"그래 술을 마시니 어떻던가?"

"술을 조금씩 마시는 정도는 별일은 아니지만, 많이 마시다보니 술도 마약과 다름없더라고. 나중엔 끊고 싶어도 마음대로 되지 않더군."

"그걸 알면서도 술을 완전히 끊지 못하고 지금도 조금씩 마시고 있다는 소리구먼."

"그렇지 뭐, 허허허."

조만식은 겸연쩍게 웃었다. 그러자 한정교는 조만식을 쳐다보며 한 가지 제안을 하였다.

"자네가 술을 딱 끊을 수 있는 방법을 알려줄까?"

"그게 뭔가? 가르쳐주면 지금 당장 실행하지."

"그러면 됐네."

한정교는 적극적으로 조만식을 설득했다.

"숭실학교에 입학해. 선교사들이 평양에다 세운 학교 있잖은가."

"그 학교에 입학하면 저절로 술이 끊어지나?"

"암 그렇고말고. 이 학교만 들어가면 자연히 하나님을 믿게 되거든."

"자네 지금 나에게 하나님을 믿으라는 건가?"

"그렇다네. 어쨌든 더 이상 이런 식으로 살지 말아야지. 이렇게 술을 마시다가는 술주정뱅이가 될 거야. 그런 인생이 얼마나 비참한지를 생각해보게나."

조만식은 곰곰이 생각에 잠겼다.

"비록 술 얘기가 아니더라도 우리가 하나님을 믿고 섬기는 일은 정말 중요하다네. 사람이 집에서 기르고 있는 개 한 마리도 자기 주인을 알고 반가워하는 법인데, 하물며 만물의 영장이라는 인간이 자기를 지으신 주인을 모른다면 어디 말이 되는가."

숭실학교

　　한정교는 한참 동안 신앙 이야기를 했다.
그의 이야기 한마디 한마디가 조만식의 가슴에 새겨졌다. 친구의 이
야기를 듣고 조만식은 더 이상 이렇게 살아서는 안 된다는 생각과
함께 술을 끊을 수 있다는 희망도 생겼다. 그는 한정교의 말을 진심
을 받아들였다. 그때부터 조만식의 인생은 새로 시작되었다.

　　조만식은 숭실학교는 신앙만 가르치는 것이 아니라 근대 교육도
함께 한다는 것에 큰 관심이 있었다.

　　"우리가 여태 배웠던 것은 한문뿐이야. 생각해보게. 날로 세상이
변하는데 한문 지식만 가지고 되겠어? 지금 우리에게는 하나님을
믿는 신앙도 절대 필요하고, 또 그만큼 근대 교육도 필요하지 않겠
는가!"

　　조만식은 새로운 학문과 신앙 이야기에 가슴이 설레었다.

"내가 자네에게 술을 끊기 위해 숭실학교에 입학하라고 했지만, 목적이 단순히 그것만은 아니라네."

"알겠네. 자네의 말을 잘 알아들었어. 정말 고마워."

"그럼 내 말대로 하는 건가?"

"당장 숭실학교에 입학하겠네."

"고맙네. 만식이."

"고맙긴, 내가 더 고마운 일이지."

조만식은 스물 세 살 되던 해, 곧 1905년에 기독교 명문 학교인 숭실학교에 입학했다.

∽

조만식은 숭실학교를 다니면서 새로운 인생을 살기 시작했다. 근대 교육을 통해 서구의 신학문을 접하기 시작했고, 성경 공부를 통해 하나님을 믿고 섬기게 되었다.

조만식은 숭실학교에 입학한 후 술을 완전히 끊었다. 그는 그 이후로 단 한 번도 술을 입에 대지 않았다. 의지가 강한 조만식은 신앙생활도 그 누구보다 굳건히 해나갔다. 그의 마음속 깊숙이 하나님이 자리잡은 것이다.

한정교는 그 후 평양 관내에서 초대 교회를 이끌고 나아가는 기독교의 선구자가 되었다. 한정교는 자신의 전도로 신앙생활을 시작한 조만식이 후에 교회 안에서 뿐만 아니라 나라의 거목이 된 사실에 감격스러워했다.

숭실학교는 1897년 미국에서 건너온 베어드(William Martyn Baird) 선교사가 세운 기독교 학교로, 신교육뿐만 아니라 성경도 가르쳤다. 베어드 선교사는 1890년에 부산에 학교를 세웠으나 선교를 위해 평양으로 옮겼고, 이름도 한국식으로 '배위량'이라고 바꾸었다. 이 학교는 창립한 지 10년이 지난 1907년 전문교육기관으로 숭실대학교로 승격했고, 우리나라의 고등교육의 요람이 되었다.

숭실학교 교장인 배위량 선교사는 강직하고 근엄한 인품의 소유자였다. 그는 부녀자들이 설교를 듣는 중에 집중을 하지 않거나 졸면 곧잘 호통을 치기도 했다. 그래서 사람들은 그에게 거리감을 느끼고 그를 대하기 어려워했지만 막상 개인적으로 만나게 되면 굉장히 부드러운 사람이라는 것을 알게 되곤 했다.

그는 학생들에게 자주 이런 말을 했다.

"아는 것과 실천하는 것은 언제나 일치해야 합니다. 알고 있으면서도 실천하지 않고, 실천하면서도 알지 못하는 것은 모두 자신을 속이는 일입니다. 특히 성경 말씀을 듣고 하나님의 뜻을 준행하는 일에 있어서는 더욱 그러합니다. 그러니 여러분은 언제나 알기 위해 더욱 노력해야 하고 앎을 실천하는 데 힘써야 할 것입니다."

조만식은 배위량 선교사의 말을 가슴 깊이 새겼다. 그래서 조만식은 배운 것은 무엇이든 실천에 옮기려 노력했다.

추운 겨울 밤, 조만식은 늦게까지 학교에 있다가 돌아가는 길에 거지가 쓰러져 있는 것을 보았다.

'어이쿠, 이 사람이 죽은 건 아닌가?'

그는 깜짝 놀라 거지의 가슴에 귀를 대보았다. 다행히 숨은 쉬고 있었다. 다 떨어진 가마니 속에 몸을 웅크리고 있는 거지를 본 조만식은 조바심이 났다.

'이런 딱한 일이 어디 있담. 이렇게 추운 밤에 여기서 사람이 얼어 죽어가고 있으니….'

조만식이 이 거지를 어떻게 해야 할지 고민하고 있을 때 가슴속에 한마디 말이 들렸다. '아는 것은 실천하는 것과 일치하지 않으면 안 된다'는 배위량 선교사의 말이었다.

'그래. 이 거지가 지금 내 눈에 띈 것은 하나님께서 이 거지를 당장 도우라는 말씀일 거야. 그런데 그냥 지나칠 수는 없지.'

이런 생각이 들자 그는 잠시도 지체할 수 없었다.

"여보세요, 몸을 못 움직이겠어요?"

그는 대답 대신 신음소리만 냈다. 조만식은 몸을 구부려 거지를 업었다. 찬바람이 뼛속까지 스며드는 추운 날씨였지만 거지를 업은 조만식의 몸에서는 땀이 흘러내렸다. 조만식은 죽어가는 사람을 살려낸다는 생각에 가슴이 뿌듯했다.

"여보, 어서 문 열어요. 손님 한 분을 모시고 왔으니."

"예, 나가요."

문을 연 부인은 거지를 업고 있는 남편을 보고 깜짝 놀랐다.

"어머, 이 사람은 누구예요?"

"길거리에 쓰러져 있던 사람인데 이런 날씨에 그냥 두면 얼어 죽을 것 같아 데려왔소. 오늘 우리 집에서 보살피려 하니 따뜻한 음식 좀 준비하구려."

부인은 갑작스러운 일에 당황했지만 서둘러 부엌으로 들어갔다.

그날 그 거지는 조만식의 집에서 따뜻한 대접을 받고 살아날 수 있었다. 조만식은 이웃을 사랑하라는 하나님의 말씀을 몸소 실천한 것이다.

당시 숭실학교는 연령에 제한이 없었다. 그래서 뒤늦게 공부하려는 사람이 많았다. 조만식처럼 결혼하여 자녀를 둔 학생들도 많았다. 그러다 보니 아들과 아버지가 같은 반에서 공부하는 경우도 있었다.

숭실학교에서는 실력이 있으면 교사가 아니라 학생이라도 다른 학생들을 가르칠 수 있었다. 그래서 체조나 음악 같은 과목은 재능이 있는 학생들이 다른 학생을 가르치기도 했다. 조만식도 한문을 가르쳤다.

처음에 숭실학교는 복장이 자유로웠다. 한복을 입고 머리를 땋거나 탕건(갓 아래 받쳐 쓰던 관의 하나)을 쓴 사람도 있었고, 양복을 입는 학생도 있었다. 그러다가 개교 10년이 지나자 학생들에게 모자를 쓰게 했다. 중학생은 학년이 표시된 교모를 썼고, 대학생들은 사각모를 썼다.

복장이 자유로웠던 반면 학칙은 엄격했다. 학생들은 주일에 반드시 예배에 참석하고 출석 확인 도장을 받아야 했다.

"주일은 거룩한 안식일입니다. 그러므로 예배 시간에 잘 참석했더라도 남은 시간에 운동이나 등산을 하거나 물건을 사고팔아서도 안 됩니다. 주일에는 다른 어떤 일도 절대로 하면 안 됩니다. 십계명에 안식일에는 가축까지도 부리지 말라고 했습니다."

교장인 배위량 선교사는 주일을 거룩하게 보내도록 교육하는 일에 무엇보다 신경을 썼다. 학생들은 주일에 예배드리는 것 외에 다른 것을 할 생각조차 할 수 없었다. 배위량은 성경 공부에도 각별히 정성을 드렸다. 학생들에게 배운 성경을 반드시 외우게 했고, 수업 태도가 조금이라도 나쁘면 무섭게 혼을 냈다.

하지만 배위량은 개인적으로 학생들을 대할 때면 항상 친절하고 자상했다. 수백 명이 넘는 학생들의 이름을 다 외웠고, 학생들을 만나면 이름을 부르며 악수를 청했다. 학생들은 이런 배위량 교장을 존경했고, 아버지처럼 느꼈다.

그는 학생들에게 참된 신앙인의 자세를 자주 이야기했다.

"바른 복음정신이란 이상에만 치우쳐서는 안 됩니다. 언제나 현실적이어야 합니다. 신앙생활의 목적은 단지 영혼을 구원하는 데만 있지 않고, 우리들 삶 전체를 구원하는 데에 있습니다. 아름다운 꽃 한 송이도 땅 속에 깊이 뿌리를 내려야만 피어나지 않습니까."

그는 하나님이 주신 현재의 삶을 아무렇게나 살면서 구원을 바랄 수는 없다고 생각했다. 그래서 그는 현실 교육에 중점을 두었다. 배위량의 이런 가르침은 조만식에게도 큰 영향을 주었다.

'그래. 교장선생님의 가르침은 어느 한군데도 틀림이 없어. 그의 가르침대로 살면 값진 삶이 될 거야.'

이러한 영향으로 조만식의 신앙은 이상적이거나 지식에만 그친 것이 아니라 언제나 현실에 바탕을 두게 되었다.

조만식은 1908년 봄, 그의 나이 스물여섯 살 때 숭실학교를 졸업하였다. 일제의 탄압은 날로 심해져 이 무렵 우리나라의 상황은 실로 암담했다. 1905년 을사조약이 체결된 후 우리나라의 국권은 사실상 일본에게 완전히 넘어가버렸다.

을사조약이 체결되자 〈황성신문〉은 이 사실을 대대적으로 보도했고, 방지연은 '시일야방성대곡'이라는 논설을 실어 나라 잃은 울분을 토했다. 민영환은 분함을 참지 못하고 2천만 동포 앞으로 유서를 쓰고 자결했다.

우리 민족의 분노는 화산처럼 터졌다. 전국에서 의병이 일어나 일본과 항쟁을 벌였다. 매국노 이완용의 집은 불탔고, 친일분자들은 자객들에게 목숨의 위협을 받았다.

그런 상황 속에서 더욱 우리 민족의 울분을 끓어오르도록 만든 일이 있었다. 1907년 헤이그에서 열린 만국평화회의에 밀사로 파견되었던 이준 열사가 뜻을 이루지 못하고 자결하자 일본이 이 일을 트집삼아 고종 황제를 강제로 퇴위시킨 것이다.

젊은 조만식 역시 끓어오르는 분노를 참을 수 없었다. 그는 분한 감정만을 표출해서는 안 된다고 생각했다.

'그렇다. 침략자 일본을 꺾으려면 우리가 그들보다 강해져야 한다. 그 힘을 기를 수 있는 방법은 교육이다. 교육을 통해서 나라의 힘을 키울 수 있다!'

그는 나라를 구하기 위해 힘을 길러야 한다고 생각했다. 그러고는 숭실학교를 졸업하고 곧 도쿄로 유학을 떠났다.

현해탄을 건너면서 뱃전에 밀려들어 하얗게 부서지는 파도를 보며, 그는 깊은 생각에 잠겼다.

'어째서 이 땅에는 약자와 강자가 있어 서로에게 상처를 주는 것

일까? 도대체 어디에 정의가 있고 진실이 있단 말인가? 약자이기에 당하는 이 슬픔에서 벗어나기 위해서라도 힘을 길러야 한다. 우리 겨레 한 사람 한 사람이 정신을 차리지 못한다면 우리에겐 희망이 없다. 오, 하나님 우리 겨레를 긍휼히 여기소서!'

도쿄 메이지 대학에서

　　　　　　　　　　도쿄에 도착한 조만식은
어학 실력을 쌓기 위해 먼저 영어학원에 입학했다. 그는 이 시기에
인도의 민족해방주의자 간디에 대한 책들을 읽으며, 그의 인도주의
와 무저항주의, 민족주의에 관한 글을 공감했다. 이는 훗날 그의 독
립정신의 기초가 되었다.

　그리고 영어를 어느 정도 익히자 1910년 4월에 메이지 대학 법학
과에 입학했다. 그때 그의 나이 스물여덟이었다. 그가 법학과를 선
택한 것은 조국의 독립은 물론 독립 후의 나라를 운영하기 위해서도
서양의 법률을 공부해 두는 것이 필요하다고 느꼈기 때문이다.

　조만식은 졸업할 때까지 오직 공부에만 몰두했다. 고국에 계시는
아버지가 매달 생활비와 학비를 보내주었기 때문에 조만식은 공부
에만 전념할 수 있었다. 아버지는 돈을 부칠 때마다 편지도 함께 써

서 아들의 유학 생활을 격려하였다.

> 만식아
> 이 애비가 너에게 걸고 있는 기대를 너는 잘 알 것이다. 너는 우리
> 집안의 대를 이어갈 유일한 아들이라는 것을 명심해야 한다. 네가
> 장차 큰 그릇이 되기 위해서는 더욱 열심히 공부해야 한다. 이것은
> 절대로 나 하나만의 욕심이 아니다. 기울어진 나라를 살리기 위한
> 방편이기도 하다.
> 사람이란 자신만이 아닌 다른 많은 이들을 위한 삶을 살 때 비로소
> 더욱 훌륭한 사람이 되는 법이다. 그러니 더욱 열심히 공부해서 큰
> 뜻을 이루기 바란다.

조만식은 공부에 욕심이 생겼다. 그는 미국 유학까지 꿈꿨다.
'기왕에 시작한 공부니, 할 수 있는 한 기회가 되는 데까지 해
보자.'
그래서 그는 공부하는 틈틈이 영어도 익혔다.

그가 일본 유학 후, 다시 고국의 땅을 밟은 것은 1912년 7월, 여름
방학 때였다. 고국을 떠난 지 2년 만이었다. 조만식이 돌아왔을 때
나라는 더욱 피폐해져 있었다.
〈황성신문〉은 물론이고 〈대한민보〉, 〈대한매일신보〉 같은 민족 신

문들이 폐간당했다. 또 일제는 그해 8월 22일 '한일합방조약'을 강제로 체결하고, 많은 애국 단체를 해산시켰다. 일제는 수천 명에 달하는 애국지사들을 검거하는 등 우리 민족을 억압했다. 급기야 8월 29일에는 순종 황제까지 몰아내며 민족의 자존심을 짓밟았다. 조선은 마치 무덤과 같았다.

조만식은 이런 상황을 지켜보며 나라 잃은 설움에 몸을 떨었다. 일본의 사악하고 치밀한 계략에 분노했고, 부패하고 무능한 조정을 보며 가슴이 답답했다.

한일합방조약 체결이 발표되던 날, 평양 거리에서는 충격적인 행사가 벌어졌다. 평양에 살고 있던 일본인들이 한일합방을 축하하기 위해 '오미꼬시 행렬'이란 것을 벌였다. '오미꼬시 행렬'이란 자기들의 신을 모신 가마를 앞세우고 가장행렬을 한 것이다.

"왓쇼, 왓쇼."

흥분한 일본인들은 구호를 외치며 평양 시내를 기세등등하게 돌아다녔다.

이 소리가 조만식의 집 가까이에 들리자 그는 자리를 박차고 일어났다. 문밖으로 뛰쳐나가려는 조만식을 그의 아버지가 가로막았다

"얘, 만식아. 어쩌려고 그러느냐. 참아라."

"아버지…."

그는 흐르는 눈물을 참으며 아버지 품에 고개를 떨구었다.

"그래, 나도 네 마음 안다. 너만 그런 것이 아니야. 산천초목이 울고 국토가 통곡하고 있어. 하지만 만식아, 지혜롭게 처신을 해야 한다. 이젠 함부로 나서서는 안 돼. 때를 기다려 나서야 할 때 나서야

한다. 마음을 굳게 하고 그날을 위해 열심히 준비해라."

아버지는 조만식을 붙잡고 차분히 타일렀다.

"강자와의 싸움에서 감정적으로 대응하면 무슨 이득이 있겠니. 이런 때일수록 더욱 이성을 찾아야 하는 법이야."

아버지는 조만식의 어깨를 다독이며 아들의 울분을 달랬다.

"분통이 터지지. 절망적인 이 상황에서 난들 왜 분노가 솟구치지 않겠느냐. 그러나 참을 줄 아는 용기야말로 참된 용기란다. 왜놈들이 소란을 피우면서 날뛴다고 그들과 똑같이 행동한다면 어떻게 되겠니? 참으면서 때를 기다려라."

아버지의 말은 옳은 말이었다. 하지만 젊은 가슴에 끓어오르는 분노를 참아내기란 쉽지 않았다.

'호랑이굴에 들어가도 정신만 차리면 살아남을 수 있다고 했어. 이런 때일수록 더욱 정신을 차려야 해. 더욱 학문에 정진해 힘을 키우자!'

그는 곧 마음을 가다듬고 굳게 다짐했다. 조만식은 그해 9월 다시 일본으로 떠났다. 나라를 구하기 위해서 더 많은 것을 배워야 했다. 그는 배움과 동시에 조국을 위해 하나님께 간절히 기도했다.

"오, 자비로우신 하나님. 우리 민족을 불쌍히 여기시어 일제에서 벗어나 독립할 수 있게 해주소서. 그리고 조국을 위해 저를 사용해 주소서."

조만식은 도쿄에서도 열심히 신앙생활을 했다. 그 결과 도쿄에 한국인 교회를 세울 수 있었다.

조만식이 처음 유학했을 당시, 도쿄에는 한국인 교회가 따로 없었고 한국 YMCA(기독교청년회)가 있을 뿐이었다. 그러던 중 평양 장대현 교회의 정익로 장로가 도쿄로 왔다. 조만식은 평소 생각하고 있던 교회 문제를 그와 의논했다.

"장로님, 이곳 도쿄에서 유학하고 있는 우리 한국인 학생들 가운데에도 기독교인이 있습니다."

"아, 그렇습니까?"

"우리 학생들이 모여 함께 예배를 드리면 좋을 것 같은데, 한 번도 그래본 적이 없습니다."

"유학생뿐만 아니라 우리 동포 가운데도 신자들이 있지 않나요?"

"그렇습니다. 지금 도쿄에 있는 동포 중에도 기독교인들이 어느 정도 있습니다. 그런데도 아직까지 우리 한국인들의 교회가 없습니다. 한국인들이 다닐 수 있는 교회를 마련하는 것이 시급합니다."

"그렇다면 먼저 장소부터 알아봐야겠군요."

"네. 우선 장소가 정해지면 뜻을 가진 이들이 점점 모여들지 않겠습니까?"

"그럼 내가 이곳 YMCA 총무인 김정식 목사님을 만나서 한번 의논해보겠습니다."

"이 기회에 일이 잘 이루어질 수 있도록 힘써주십시오."

이 일로 조만식은 한국 YMCA 김정식 총무를 만나게 되었고, 한국 YMCA회관을 예배당으로 이용하게 되었다. 이렇게 하여 조만식은 유학생 백남훈과 함께 '재일한국인 교회'를 창립하게 되었다. 백남훈은 유학을 마치고 한때 YMCA 총무를 맡아서 일했고, 그 후 2·8 독립선언 운동을 주도하기도 했다.

적국의 수도 도쿄 한복판에 십자가 깃발을 높이 세운 것은 참으로 감격스러운 일이었다. 물론 처음부터 재일한국인 교회에 사람이 많이 모인 것은 아니다. 하지만 교인들이 점점 늘어나, 얼마 후에는 세례받은 교인만 해도 40명 이상이 되었다.

조만식은 도쿄에서 기독교운동을 더욱 발전시키고 민족의 독립정신을 고취시키려면 아무래도 독자적인 노선을 걷는 것이 필요하다고 생각했다. 그래서 본국 총회의 허락을 얻은 다음 정식으로 독립 교회로 출발했다.

그러나 시간이 흐르자 교회 안에서 문제가 생겼다. 처음 한국인 교회를 세울 당시에는 일본에 한국인 교회를 세운다는 생각에 교파 간 갈등이 없었다. 하지만 교회 안에 감리교인의 숫자가 늘어나자 이들이 예배를 따로 드리기 시작했다. 교회를 세울 당시에는 장로교인들이 대부분이었고 감리교인은 한 명 밖에 없었다. 그러나 시간이 지나면서 고국에서 많은 중진급 감리교인들이 일본으로 건너와서 숫자가 불어나자 이런 문제가 생긴 것이다.

조만식은 처음 교회를 세우면서 생각했던 계획과 어긋나자 실망이 컸다. 조만식은 재일한국인 교회에서 그리스도의 정신을 바르게 전하여, 장차는 이곳을 민족정신의 요람지로 키우고 싶었다. 그런데 같은 겨레요 같은 교인이면서도 파벌을 내세워 분열한다는 것이 부끄러웠다.

조만식은 이 문제를 해결하기 위해 발 벗고 나섰다. 먼저 감리교 대표자를 만나 이 문제를 함께 해결하고자 했다.

"저는 이 교회를 세울 때 우리 교회가 조국을 위해 무엇인가 할 수 있기를 바랐습니다. 그래서 본국 총회와는 독립적인 교회를 만들었습니다. 그런데 이제 와서 교파 문제로 따로 예배를 드리는 것이 말이 됩니까?"

"하지만 장로교와 감리교는 교리가 엄연히 다른데 어떻게 합니까?"

"물론 현재 우리 교회 안에 장로교인이 더 많은 것은 사실입니다. 그러나 처음부터 우리 교회가 독립 교회였던 만큼 여태까지 누구도 장로교인이라고 행세한 적이 없습니다. 그런데 어째서 당신들은 감리교인이란 점을 내세워 그렇게 행동하는 것입니까?"

조만식은 말을 이었다.

"같은 건물 안에서 따로 예배를 드린다는 것은 그리스도의 정신에도 어긋나는 일입니다. 우리는 같은 교인이요 같은 겨레가 아닙니까. 게다가 일본에게 나라를 빼앗긴 아픔을 함께 겪고 있는 동포가 아닙니까! 여기는 고국도 아닌 적국, 일본 땅입니다. 또 우리 조선인 신자의 숫자가 결코 많은 것도 아니구요. 그런데 교파 때문에 서로 갈라지는 건 너무나 안타까운 일입니다."

그들은 잠시 생각을 하더니 대답했다.

"당신의 말을 듣고보니 우리의 생각이 짧았던 것 같소."

"교회가 나뉘는 것은 하나님께서 원하시지 않는 것입니다. 당장 합쳐야 합니다."

"그럼 종전대로 같이 예배를 드리기로 합시다."

"잘 생각하셨습니다. 하나님께서도 기뻐하실 겁니다."

조만식의 진심어린 설득으로 마침내 감리교와 장로교는 함께 예배를 드리게 되었다. 그리고 전에는 '재일한국인 교회'라고 부르던 것을 그때부터 '재일 장감연합교회'라고 부르게 되었다.

도쿄에 있는 한국 YMCA 회관은 한국인의 교회당이었을 뿐만 아니라 유학생들의 집결지요 민족운동의 심장부가 되었다. 한국 청년운동의 모든 집회가 이곳에서 열렸고, 1919년 2월 8일에 있었던 2·8 독립선언도 이곳에서 발표되었다.

조만식은 도쿄 유학 시절 고하 송진우와 인촌 김성수라는 친구를 얻었다. 그들의 우정은 유난히 돈독해, 재일 한국인들 사이에서 '도쿄 유학 삼총사'로 불렸다. 송진우와 김성수는 조만식과 같은 해에 함께 도쿄로 유학을 왔다. 특히 송진우는 조만식과 함께 메이지 대학 법학과에서 함께 공부하게 되어 더욱 절친한 사이가 되었다.

당시 도쿄에는 '한국인 유학생 친목회'라는 것이 따로 결성되어 있었다. 고당 조만식을 비롯해 가인 김병로, 고하 송진우, 낭산 김준연, 해공 신익희, 인촌 김성수, 설산 장덕수, 그 밖에 현상윤, 현준호, 조소앙 등이 모임의 회원들이었다. 송진우는 이 친목회의 총무를 맡고 있었는데 〈배움의 빛〉이라는 정기 간행물을 편집하기도 했다.

그런데 훗날 송진우가 '호남 유학생 다과회'라는 모임을 따로 만들어 활동을 벌인 적이 있다. 송진우와 김성수는 모두 호남 출신이었다. 조만식은 이런 일을 보면서 송진우에게 뼈아픈 충고를 했다.

"진우."

"왜?"

"거 호남인가 뭔가 하는 활동은 제발 그만두게나."

"어째서 그러는가?"

"공부를 마치고 고국으로 돌아가면, 우리 모두 피차 출신 지역을 묻지 않고 함께 나라를 위하여 일해야 될 사람들 아닌가! 그런데 여기서부터 지방색을 띠는 활동을 벌이면 어떻게 되겠나?"

"생각해보니 맞는 말이군. 고맙네."

송진우는 조만식의 충고를 진심으로 받아들였다. 그는 자신의 생각이 짧았다며 지방색을 띤 활동을 그만 두었다.

오산학교 부임

       당시 일제는 조선을 경찰과 군인이 통치하는 '무단통치'를 실시하고 있었다. 그래서 그 어떤 단체도 만들 수 없었고, 집회도 할 수가 없었다. 이런 상황에서 민족 지도자들은 종교 활동 중심으로 독립운동을 하게 되었다.

  조만식은 도쿄에서 송진우와 김성수를 만나 민족운동 세력을 규합하는 일에 힘썼다. 조만식의 이런 노력 덕분에 도쿄 내에 있던 민족운동 세력이 서로 교류하며 활동할 수 있었다. 이후 최팔용을 중심으로 600여 명의 한국 유학생들이 YMCA 회관에 모여 춘원 이광수가 쓴 독립선언문을 낭독한 후 결의문을 채택하고 "대한 독립 만세"를 우렁차게 외쳤다. 이것이 바로 1919년에 일어난 2·8 만세운동으로, 이 운동은 곧 고국에 영향을 끼쳐 3·1운동의 도화선이 되었다.

조만식은 1913년 3월, 서른한 살에 메이지 대학을 졸업했다. 그는 한때 미국 유학을 꿈꾸기도 했지만 생각을 바꾸어 졸업과 동시에 고국으로 돌아왔다. 공부도 중요하지만 나라를 위해 직접 뛰어야겠다고 생각했기 때문이다.

평양으로 돌아온 조만식은 잠시 가족들과 휴식의 시간을 가졌다. 1910년에는 딸 조선부가 태어난 후 4년 만에 아들 조연명이 태어났고, 조만식은 오랜만에 단란한 가정생활을 맛보았다.

그런데 한 달쯤 지났을 때 낯선 손님이 그를 찾아왔다.

"여기가 조만식 선생님 댁입니까?"

"예, 맞습니다만 어디서 오셨습니까?"

조만식의 집을 찾아온 젊은이들은 안도의 빛을 띠며 자신을 소개했다.

"저희는 정주에 있는 오산학교에서 왔습니다. 제 이름은 김세환이고 이 친구는 장세윤입니다."

"아, 그렇습니까? 무슨 일이신지는 모르겠습니다만 좌우간 들어오십시오."

조만식은 이들을 방으로 맞았다.

"오산학교라면 남강 이승훈 선생님이 세우신 학교 아닙니까?"

"예, 알고 계셨군요?"

"그럼요. 도쿄에서 유학하고 있을 당시 학생들 사이에서 많이 들었지요. 그런데 남강 선생님은 지금 어떻게 지내고 계십니까?"

"지금 선생님께서는 일본 경찰에게 붙잡혀 감옥에 계십니다."

"아니, 감옥에 갇히셨다고요?"

"벌써 3년이 넘었습니다."

"무슨 일 때문입니까?"

"그분이 오산학교를 세우자 그 일을 못마땅해 하던 일본 정부가 무관학교 사건과 105인 사건을 뒤집어씌워 잡아간 것입니다."

"이럴 수가…."

조만식은 일제의 탄압에 절망감을 느껴 말을 잇지 못했다.

"그래, 무슨 일로 저를 찾아 오셨습니까?"

"감옥에 계신 남강 선생님께서 고당 선생님이 일본 유학을 마치고 귀국했다는 소식을 전해듣고 우리 오산학교로 꼭 모셔오라고 당부하셨습니다."

"저를 말입니까?"

"예. 우리 오산학교가 민족운동의 도장과 신앙의 요람이 되기 위해서는 반드시 조만식 선생님 같은 분이 필요하다며 간절히 부탁을 하셨습니다."

오산학교는 남강 이승훈이 민족운동의 큰 뜻을 품고서 1907년 정주에 세운 학교다. 그 후 나라가 주권을 빼앗긴 후 기독교 정신을 교육 목표로 삼아 운영되고 있었다. 조만식은 일본 유학 시절부터 오산학교가 훌륭한 정신을 가진 교육기관이라는 것을 알고 있었다.

"이제까지 학교 일을 잘 돌봐오던 춘원 선생이 문학에 심취하여 학생들의 정신을 흩어놓고는 그만 학교를 떠나버렸습니다."

"학생들의 정신을 흩어놓았다고요?"

"네. 남강 선생님의 뜻은 학생들을 오직 신앙으로만 무장시키자는 것이었는데, 춘원은 문학 사상으로 오히려 학생들의 마음을 혼란스럽게 만들고 말았습니다."

"그랬군요."

조만식은 남강의 뜻을 따라 1913년 4월 오산학교에 부임했다. 처음에는 학교가 안정될 동안만 지낼 계획이었으나 그 후 9년간 이 학교에서 봉사했다. 1915년에는 부임한 지 2년 만에 교장이 되었다. 가족들은 평양에서 생활하고 자신은 오산학교 기숙사에서 학생들과 함께 생활했다. 그는 교장이었지만 직책에 연연하지 않고 교사로, 사감으로, 심지어 사환의 일까지 몸소 실천했다.

이때부터 조만식은 평소 자신의 신념이었던 국산품 애용을 실천하였고, 주위의 사람들에게도 국산품 애용을 권장하였다. 그는 항상 머리를 밀었고, 한복에다 짧은 무명 두루마기만 입고 다녔다. 그리고 치약을 쓰는 대신 소금으로 이를 닦았고, 비누 대신 팥가루를 사용하였다.

그는 작은 것 하나부터 일본 사람이 만든 물건이 아닌 우리의 것을 써야 한다고 생각했다. 그의 이런 생각과 실천을 보며 사람들은 그를 '한국의 간디'라 불렀다.

오산학교 학생들은 집이 가까운 학생들만 제외하고 모두 기숙사에서 생활했다. 오산학교는 학문을 닦는 것뿐만 아니라 신앙 훈련까지 철저히 하기 위해 기숙사 생활을 방침으로 정하고 있었다.

학교 생활은 엄격했다. 아침 6시가 되면 기상을 알리는 종소리가 울렸다. 그러면 학생들은 모두 일제히 일어나 옷을 입은 후 운동장을 향해 달려나갔다. 조만식은 아침 시간이면 기숙사를 한 바퀴 돌면서 학생들이 모두 운동장으로 나갔는지 확인했다. 어쩌다 아직 자고 있는 학생이 있으면 조용히 다가서서 방문을 두드렸다. 그러고는 조용히 학생을 깨웠다.

"어서 일어나야지."

단 한마디만 하고 다음 방으로 갔다. 운동장에 모인 학생들은 상급생의 구령에 맞추어 일제히 보건체조를 했다. 체조가 끝나면 학생들은 앞산을 한 바퀴 돌고 와야 했다. 조만식도 학생들과 함께 달렸다. 조만식은 자신이 하지 않고 학생들에게만 시키는 일이 없었다. 그는 모든 일에 있어서 몸소 실천하는 모습을 보여 학생들에게 따르게 했다.

앞산에서 돌아오면 전교생이 모여 하나님께 예배를 드렸다. 찬송과 기도, 성경 말씀을 통해 매일매일을 신앙으로 무장했다. 수업은 오전 9시에 시작하여 오후 4시에 마쳤다. 그리고 5시에 저녁 식사를 하고 잠시 쉬고 난 후 복습 시간을 가졌다. 10시가 되면 모두가 잠자리에 들었다. 10시가 되어서야 오산학교는 깊은 정적에 잠겼다.

이 무렵 오산학교는 조만식의 정신이 그대로 반영되었다 해도 과언이 아니었다. 그때까지만 해도 오산학교는 초창기였기 때문에 체계적인 교육 방침이 세워지지 않았다. 그래서 남강 이승훈 선생의 정신에 따라 움직이는 조만식의 행동 하나하나가 그대로 교육 방침이 되었다. 말로만 하는 교육이 아니라 실천하는 교육, 인격 교육 그리고 신앙이 살아 숨쉬는 교육이 이루어졌다.

교장이면서도 사환 역할까지 한 조만식의 행동은 학생들에게 산 교육은 되었으며 큰 감명을 주었다. 조만식의 사랑을 가장 많이 받으며 오산학교에서 공부했던 김항복은 훗날 그에 대해 이렇게 말했다.

조만식 선생님은 오산학교에서 주로 지리와 역사와 영어를 가르치셨는데, 특히 영어 실력이 뛰어나고 발음이 정확하여 학생들에게 인기가 많았다. 학생들은 선생님께 배우면서 실력이 향상되었다.

하지만 학생들이 조 선생님을 존경했던 가장 큰 이유는 말없이 인격 교육을 실천하셨기 때문이다. 그분은 어느 것 하나도 말을 앞세우는 법이 없었고, 모든 것을 처음부터 끝까지 모범적인 행동을 통해 가르치셨다. 곧 그분의 행동 하나하나가 곧 산 교육이 되었던 것이다.

조만식 선생님은 매우 인자하셨다. 하지만 학생 가운데 한 사람이라도 잘못을 저지르면 그냥 넘어가지 않으셨고 질책을 통해 잘못을 깨닫게 하셨다. 한마디로 그분의 교육은 사랑과 진실이 바탕이 된 교육이었다.

오산학교가 낳은 인재 가운데 하나인 한경직도 훗날 조만식에 대하여 이렇게 말했다.

나는 1916년 봄에 편입하여 1919년 졸업한 학생이다. 그래서 나는 조만식 선생님의 교육을 비교적 많이 받은 사람 중에 하나이다.

내가 막 오산학교에 들어갔을 때 조만식 선생님은 한복을 입고 갓을 쓰고 다니셨는데, 학생들은 그분을 가리켜 '신교장, 신교장님'이라고 불렀다. 나중에 알게 되었지만 그것은 그분 성이 신씨가 아니라 새로 교장이 되신 분이라는 의미였다.

그분은 언제나 검소한 생활을 몸소 실천하면서 그 점을 교육의 지표로 삼으셨다. 그래서 지금도 나는 산 교육자로서의 그분의 모습을 잊을 수가 없다. 또한 그분의 규칙적인 생활 때문에 당시 유명한 일화를 남기기도 했다. 일과가 시작되어 끝날 때까지 그분은 절대로 시간을 어긴 일이 없었고, 그래서 학생들도 그런 엄격한 생활을 보면서 규칙적인 생활을 몸에 익혀나갔다.

나는 지금도 조만식 선생님과의 개인적인 일 한 가지를 잊지 못한다. 2학년 때 일인데, 나는 교실에서 공부하던 중 소리를 내면서 하품을 하고 말았다. 그 일로 그분께 호되게 호통을 들었다. 그때 얼마나 혼났던지 그 후로는 남에게 들리도록 하품을 하는 버릇이 싹 사라져버렸다.

나는 무엇보다도 그분께 신약성경 가운데 있는 사도행전을 배우며 받았던 감동을 지금도 잊지 못한다. 그때 받은 감동이 얼마나 컸던지 내 일생을 통하여 신앙생활의 양식이 되곤 한다.

오산학교 출신인 홍어길도 훗날 조만식에 대하여 이렇게 들려주었다.

나는 조만식 선생님이 기거하시는 바로 옆방에서 생활했는데, 그 분은 매일 아침 일찍 일어나서 가장 먼저 개인 기도를 드리는 일로 하루를 시작하셨다. 선생님은 그 일을 한 번도 거르지 않고 철저히 하셨다. 그만큼 그분의 신앙은 강했다.

또 전체 예배 때는 언제나 교사들이 순번대로 기도를 드리게 했고, 선생님은 성경 구절을 봉독한 후 길지 않게 말씀을 전하곤 하였다. 그런데 전하는 그 말씀이 평범한 표현인데도 얼마나 감동적인지, 그 감동은 시간이 흘러도 쉽게 잊히지 않았다.

고당 조만식이 산 교육자요 투철한 민족주의자라는 것은 생생한 증언을 통해서도 증명되고 있다. 조만식이 부임하여 몇 해가 지나자 오산학교는 흐트러졌던 기강이 잡히고 놀랍게 변모하여, 학교교육 안에 민족의식과 신앙이 깊이 자리잡았다. 그리고 이런 기풍이 자리 잡게 된 데는 조만식의 인격에서 나오는 권위가 큰 몫을 차지했다.

1915년 남강 이승훈 선생이 감옥에서 나오면서부터 두 사람이 합심하여 일한 결과 오산학교는 더욱 눈부시게 발전했다. 하나님을 섬기는 진실한 신앙 안에서 민족운동의 두 거장이 한 일터에서 한마음으로 일하게 된 것이다.

이승훈은 감옥에서 나와 학교로 돌아오자마자 조만식의 손을 덥석 잡으며 감사하며 눈물을 글썽였다.

"고당 선생, 우리 오산학교가 선생 같은 훌륭한 분을 교장으로 모셔서 이렇게 놀라운 발전을 이루게 되었습니다. 정말 고맙습니다."

"과찬이십니다. 제가 한 건 아무것도 없습니다. 모두가 선생님께서 피땀 흘려 기도하신 결실입니다."

한 사람은 벌써 머리가 희끗희끗해진 50대 초로였고, 한 사람은 이제 막 생기가 넘쳐 오르는 30대 젊은이였다. 그러나 두 사람은 세대 차이를 넘어, 나라를 사랑하고 하나님을 섬기는 일에 한마음이 되었다.

제자들을 기르는 기쁨

이승훈이 도산 안창호를 만나서 '신민회'라는 작품을 만들어 냈다면 조만식을 만나서는 '오산학교'라는 작품을 만들었다. 그만큼 오산학교는 남강과 고당 두 사람의 피땀 어린 기도를 통하여 세워진 결정체였다.

하지만 오산학교를 이끌어가는 일에 있어서 두 사람의 의견 충돌이 전혀 없었던 것은 아니다. 제8회 졸업생을 배출할 때였다. 이승훈은 이 졸업식장에 당시 평안북도 도지사인 일본인 이쿠다를 초청할 계획을 세우고 조만식에게 물었다.

"이번 졸업식에 이쿠다 지사를 청할 계획인데, 조 교장은 어떻게 생각합니까?"

조만식은 너무나 의외라는 표정으로 대답했다.

"이쿠다 지사를요?"

"왜 그렇게 놀라십니까? 나름대로 이것저것 생각해보니 그것도 나쁠 것 같지는 않아서요."

"남강 선생님, 왜 그 사람을 불러오려는 것입니까?"

"학교를 무리 없이 경영하려면 이런 방법도 나쁘지는 않을 것 같기 때문입니다."

조만식은 단호하게 반대했다.

"안 됩니다, 남강 선생님. 전 그 일을 절대로 반대합니다."

"왜입니까?"

"목적이 좋으면 방법도 좋아야 합니다. 좋은 목적 아래 불선한 방법을 쓸 수는 없지요."

"불선한 방법이라뇨?"

"지금 우리는 일본과 대항하는 싸움을 하고 있지 않습니까? 그리고 이곳 오산학교는 민족의 후학을 양성하는 곳입니다. 그런데 하필 일본 사람의 힘을 빌려 우리 학교 경영을 꾀하려 들다니 어디 말이 됩니까?"

이승훈은 잠시 생각하고 다시 조만식을 설득하려 했다.

"좋으나 싫으나 현재로서는 학교를 경영하는 데 이쿠다 지사의 영향을 많이 받고 있으니 반드시 불선한 일이라고만 단정 지을 수는 없지요."

"좌우간 저는 이 일에 반대합니다. 제가 학교를 그만두는 일이 있어도 절대 굽힐 수 없습니다."

"그렇게까지 할 필요는 없지 않습니까?"

"아니지요. 어떤 경우라도 입장이 선명해야 합니다."

이승훈은 조만식의 의지를 꺾지 못하고 결국 그의 의견을 따랐다. 이승훈과 조만식이 함께 일했던 1915년부터 1919년까지는 오산학교의 황금기였다. 이 기간이야말로 두 사람의 정신과 인격이 한데 어우러져 장엄한 빛을 발휘한 시기였기 때문이다. 이 기간 동안 학생들 사이에서 오산학교 교가가 가장 많이 애창되었다. 일찍이 춘원 이광수가 이 학교에 부임해 오면서 지은 것으로, 가사는 다음과 같았다.

네 눈이 밝구나 엑스빛 같다
하늘을 꿰뚫고 땅을 들추어
온가지 진리를 캐고 말련다
네가 참 다섯 뫼의 아이로구나

네 손이 솔갑고 힘도 크구나
불길도 만지고 돌도 주물러
새로운 누리를 짓고 말련다
네가 참 다섯 뫼의 아이로구나

네 맘이 맑구나 예민도 하다
하늘과 땅 사이 미묘한 것이
거울에 더 밝게 비치는구나
네가 참 다섯 뫼의 아이로구나

네 인격 높구나 정성과 사랑
네 손발 가는 데 화평이 있고
무심한 미물도 다 믿는구나
네가 참 다섯 뫼의 아이로구나

조만식은 언젠가 전체 학생을 모아놓고 지금까지 자신이 품고 있던 생각을 이야기하기도 했다.

우리는 먼저 우리가 한국 사람인 것을 분명히 알아야 합니다. 그리고 우리가 지금 어떤 처지에 놓여 있는지도 반드시 알고 있어야 합니다. 우리는 일제의 압박에서 벗어나기 위해 각자의 위치에서 최선을 다해야 합니다.

우리 민족은 지금까지 그 어떤 나라도 침략한 적이 없는, 천성이 선량한 민족입니다. 그런데도 왜 이런 억울한 일을 당하게 된 것일까요? 그것은 바로 우리에게 애국정신이 부족하고 단결하지 못했기 때문입니다.

그러므로 우리는 이런 우리의 잘못된 태도를 반성하고, 2천만 동포가 모두 한결같이 이 어려움을 떨치고 일어나야 합니다. 더 이상 지난날의 잘못을 되풀이하지 않겠다는 비장한 각오를 해야 합니다.

이제부터 우리는 나만 생각하는 이기심을 버리고 동족을 아끼고 사랑해야 합니다. 절대로 남을 헐뜯어서는 안 됩니다. 서로 돌아보고 어려움을 함께 나누어야 합니다. 그렇게 우리가 서로 아끼며 사랑하기 위해서는 하나님을 섬기는 신앙 아래 하나가 되어야 합니다.

살아 계신 하나님께서는 우리를 향하여 '네 이웃을 네 몸처럼 사랑하라'고 말씀하셨습니다. 그러므로 우리가 나라와 동족을 사랑하려면 무엇보다 하나님을 바르게 섬길 줄 알아야 합니다.

학생 여러분은 앞으로 이 나라를 이끌어 갈 기둥들입니다. 더욱 분발하여 이 나라에 광명의 그날이 올 때까지 학문을 열심히 갈고 닦아 위대한 역군들이 되시길 바랍니다.

이승훈도 그랬지만 조만식 역시 하나님과 민족을 위하여 일생을 건 사람이었다. 평양에 자기 가족이 살고 있었지만 방학 때만 잠깐씩 다녀올 뿐이었다. 게다가 오산학교 일은 전적으로 무료봉사여서 가족의 생계에 도움이 되지 못했다. 이런 헌신 속에서 훌륭한 제자들이 무럭무럭 자라는 것이 그에게는 큰 기쁨이었다.

이들 제자 가운데 눈에 띄는 학생이 많았지만 그중 특히 서춘은 눈에 띄는 학생이었다. 그가 지니고 있는 잠재적인 재능은 놀라울 정도였다. 정주에서 태어난 서춘은 일찍이 부모가 세상을 떠나 고아로 자랐다. 그는 동냥으로 목숨을 연명해야 했던 불쌍한 아이였다. 그런 그가 오산학교의 문을 두드린 것은 이승훈이 처음 학교를 지키고 있을 당시였다.

어느 날 거지와 다름없는 아이가 학교 안으로 들어섰다.

"얘, 너는 누구냐?"

"서춘이라고 합니다."

"무슨 일로 여기에 왔느냐?"

"이 학교 안에서 심부름을 하면서 지낼 수 없나 해서요."

"왜 그런 생각을 하게 되었니?"

"낮에 심부름을 하면 밤에는 공부를 할 수 있잖아요."

"이 학교엔 야학이 없는걸."

"그래도 여기엔 선생님들이 계시니까 물으면서 공부하면 되지 않을까요?"

이승훈은 아이를 자세히 바라보았다. 아이의 행색은 초라했으나 두 눈은 생기가 있고 영리해보였다.

"얘야, 부모님은 안 계시니?"

"예, 전 고아예요."

"언제부터?"

"저도 잘 몰라요."

"그럼 지금 살고 있는 곳은 어디냐?"

"여기저기 떠돌아다니면서 살다가 지금은 국수집에서 일하고 있어요."

"그럼 이 학교에서 살게 해주면 심부름을 잘할 수 있겠니?"

"그럼요. 허락만 해주신다면 열심히 하겠습니다."

정말 기특하고 대견한 아이였다. 그렇게 어려운 상황에서도 공부를 하겠다는 것에서 아이의 의지와 재능이 보였다. 서춘은 그날부터 오산학교에서 살면서 병설인 초등부에서 공부하게 되었다.

그러다가 조만식이 오산학교에 오면서 서춘을 눈여겨보게 되었다. 조만식은 서춘이 보통 학생과는 다르다고 느꼈다. 서춘은 성적

이 우수했고 성품도 단정했다. 그래서 조만식은 서춘을 아끼고 사랑했다.

'저놈이 무언가 큰일을 해낼 것 같아. 기대해볼 만한 녀석이야.'

학업을 마친 후 서춘은 모교에서 수학을 가르쳤다. 그 후 그는 일본으로 유학을 갔는데, 일본 유학 시절 당시에는 2·8 독립선언을 주도하여 기개를 드러냈다. 안타깝게도 훗날에는 변절하고 말았지만 말이다.

이 밖에도 조만식 아래서 배출된 유망한 인재들이 많이 있었다. 앞서 말한 김항복, 한경직, 백인제, 김주항, 박동진, 주기용, 백봉제, 주기철, 김동진, 이약신, 이택호, 임창선, 김홍일, 조진석 등이다.

또 우리 문학사에 큰 발자취를 남긴 시인, 안서 김억과 소월 김정식도 모두 오산학교 출신들이다. 특히 김소월은 고당 조만식 선생의 송가를 남겨 은사의 이름을 더욱 빛내기도 했다. 이 송가는 '조만식'이라는 영문 표기의 첫 글자들을 따서 'JMS에게'라고 제목을 붙인 것으로 그 내용은 다음과 같다.

평양서 나신

인격의 그 당신님 JMS

덕 없는 나를 미워하시고

재주 있던 나를 사랑하셨다

오산에 계시던 JMS

10년 봄 만에 오늘 아침 생각난다

근년 처음 꿈 없이 자고 일어나며

자그마한 키와 여윈 몸매는

달은 쇠끝 같은 지조가 튀어날 듯

타는 눈동자만이 유난히 빛나셨다

민족을 위해서는 더도 모르시는

열정의 그 님

소박한 풍채, 인자하신 옛날의 그 모양대로

그러나 아아, 술과 계집과 이욕에 헝클어져

15년에 허주한 나를

웬일로 그 당신님

맘속으로 찾으시오? 오늘 아침

아름답다 큰 사랑은 죽는 법 없어

기억하되 항상 내 가슴속에 숨어 있어

미처, 거츠르는 내 양심을 잠재우리

내가 괴로운 세상 떠날 때까지

≈

조만식은 이승훈과 함께 오산학교 일을 하다가 독립운동에만 전념하기 위해 1919년 2월에 학교를 그만두었다.

모든 애국지사들이 발분하여 나섰듯이 조만식 역시 적극적으로 3·1운동을 지지하고 나섰다. 하지만 그가 열심히 활동한 것에 비해 3·1운동 당시 그의 활동은 별로 드러나지 않았다.

이승훈은 1919년 2월 중순 무렵 서울로 올라가서 천도교 측과 연합하여 만세운동을 일으키자는 합의를 한 후, 다시 평양으로 돌아와 기독교 측 동지들을 규합하려 나섰다. 이때 조만식은 이승훈에게 그간의 이야기를 듣고 만세운동에 앞장섰다.

"그렇다면 남강 선생님, 우선 중요한 과제는 만세운동을 주도할 기독교 측 대표들을 하는 일 아니겠습니까."

"물론입니다. 그래서 난 이곳 평양에 오기에 앞서 먼저 선천에 들러 거기 네 분의 동지들을 얻었습니다. 양전백, 유여대, 김병조, 이세 분 목사님과 이명룡 장로님이십니다."

"그럼 선생님, 저도 기독교 측 대표에 참여시켜주십시오. 대장부로 태어나서 이런 때 죽지 못하면 언제 죽습니까?"

이승훈은 그의 단호한 결심에 기뻐하며 기독교 측 대표로 받아주려고 했다. 그러다가 잠시 후, 이승훈은 깊은 생각에 잠겼다.

"왜 대답하지 않으십니까?"

남강은 침착한 태도로 대답했다.

"고당은 일선에서보다도 후방에서 더 필요한 사람입니다."

"그게 무슨 말씀입니까?"

"만세운동이 일어나면 일선에 나선 민족 대표들은 즉시 현장에서 체포되어 투옥당할 것이 분명합니다. 그런데 이런 경우에 후방에서 지원할 사람이 없다면 누가 이 만세운동을 또 이어서 다시 주도하겠습니까?"

이승훈은 조만식을 바라보며 말을 이었다.

"그래서 지금은 내가 고당을 앞세우고 싶지 않습니다. 또 고당 한 사람만 아니라 유능한 젊은이들도 준비시켜야 하지 않겠습니까."

74

"선생님의 말씀을 듣고 보니 뒤에서 준비하고 기다릴 사람이 필요하겠군요. 그럼 전 선생님의 뜻을 따르겠습니다."

"분명히 일러둡니다만 고당은 뒷수습을 위해 더 필요한 인재입니다."

3·1운동 당시 조만식이 앞에 나서지 않은 이유는 바로 후일을 도모하기 위해서였다. 앞에만 나서지 않았지 조만식은 보이지 않게 만세운동의 준비 작업을 했고, 그의 준비 작업이 3·1운동에 밑거름이 되었다.

평양에서 비밀리에 3·1운동을 준비하기 위해 조만식은 밤낮으로 일했다. 밖으로 드러나는 일은 아니었지만 시위의 성공을 위해 평안도 일대를 누비고 다녔다. 어찌나 열심히 뛰어다녔던지 버선 뒤축이 피로 흥건히 젖을 정도였다. 그의 노력으로 3·1운동 당시 평양의 시위는 들불이 일어나는 듯했다.

3·1운동은 남강 이승훈이 천도교 측과 불교 측의 협력을 얻어 이룩해낸 획기적인 성과였다. 그리고 마침 그해 3월 3일은 고종의 장례식이 치러질 예정이었다. 비운의 황제를 애도하기 위해 전국 각지에서 사람들이 몰려들어 만세운동은 더욱 기세를 떨치게 되었다.

만세운동은 경성뿐만 아니라 각처의 큰 도시에서는 같은 날 동시에 여기저기서 일어났고, 시일이 지나면서 이 운동은 각 지방으로 확산되어 나갔다. 만세운동은 자연히 전국적인 운동이 되었다.

망명하다· 붙잡히다

　　　　　　이날 평양에서는 장대현교회 곁에 자리잡은 숭덕학교 교정과 남산현교회 경내에서도 동시에 궐기대회가 열렸다. 평양에서의 만세운동은 장로교와 감리교가 연합하여 주동하였다. 평양은 경성과 달리 천도교 세력이 약했다. 그래서 천도교 측은 기독교 측과 연합했다기보다 합류하는 형식으로 만세운동에 가담했다.

　이집회 장소는 두 곳이었는데, 이는 장로교와 감리교가 따로 모였기 때문이다. 비록 집회는 따로 열렸지만 연락을 긴밀하게 취하여 모든 행동을 동시에 했다. 아침 일찍부터 두 곳으로 많은 군중이 몰려들었다. 모인 사람들은 대부분이 고종 황제의 추념식*에 참석하려는 사람들이었다.

★ 추념식 죽은 사람의 업적이나 공훈을 돌이켜 생각하는 의식

정오가 되자 여러 교회당에서 종소리가 은은하게 울려 퍼졌다. 이를 신호로 양쪽에서 추념식이 시작되었다. 하지만 이 추념식은 약식으로 간단히 끝났다. 이 집회를 주도한 이들은 곧 이어 다른 집회가 열릴 것을 선포하였다.

"고종 황제의 추념식은 끝났습니다. 이제 곧 다른 집회가 열릴 것입니다."

사회자가 이렇게 크게 외치자 동시에 이곳저곳에서 커다란 태극기가 펄럭이기 시작했다. 미리 준비된 작은 국기들도 삽시간에 군중들 사이로 뿌려졌다. 그곳에 모인 사람들은 당황하기도 하고 긴장하기도 했지만 곧바로 이어진 사회자의 말에 귀를 기울였다.

"자, 동포 여러분. 다함께 우리나라의 독립을 만방에 선언하고 만세를 부릅시다. 기회는 지금밖에 없습니다."

너무나 놀라운 말이었다. 곧이어 선언식은 아주 짧게 그리고 신속하게 진행되었다.

숭덕학교에서는 먼저 김선두 목사가 기도하였고, 정일선 목사가 독립선언서를 낭독했으며, 이어 강규찬 목사의 연설이 이어졌다. 그리고 이들 주동자들은 연설이 끝남과 동시에 모두 단 위에 올라서서 한목소리로 만세를 외쳤다.

"대한 독립 만세!"

"대한 독립 만세!"

"대한 독립 만세!"

그곳에 모인 사람들은 처음에는 뜻밖의 상황에 놀라고 당황했지만, 연설과 기도가 진행되는 동안 그동안 쌓인 울분이 폭발했다. 그리고 앞선 대한 독립 만세 소리에 기다렸다는 듯이 한목소리로 마음을 합했다.

"대한 독립 만세!"

"대한 독립 만세!"

"대한 독립 만세!"

얼마나 외치고 싶었던 함성이었던가! 얼마나 외치고 싶었던 만세였던가! 얼마나 외치고 싶은 이름이었던가! 모인 사람들은 목이 터져라 만세를 따라 부르기 시작했다.

"자, 우리 다같이 거리로 나아가 행진하면서 만세를 부릅시다!"

한 주동자가 이렇게 소리치자 군중은 질서있고 빠르게 거리로 몰려 나아가기 시작했다. 이제 막 시작된 만세운동이 가두 행진으로 확산된 것이다.

군중은 평양 중심지인 종로 거리로 질풍처럼 내달렸다. 평양 시내는 만세 소리로 땅이 꺼질 듯 진동했다.

같은 시각에 남산현교회에서 열렸던 선언식도 똑같이 진행되었고, 운집해 있던 주민들이 벌떼처럼 거리로 쏟아져 나왔다. 여기서는 김찬응 목사가 사회를 맡았고, 주기원 목사가 선언문을 낭독했으며, 박석훈 목사가 열변을 토했다.

고종의 추념식이 전혀 다른 방향으로 진행되자 평양경찰서는 즉시 대원들을 무장시켜 진압 작전에 나섰다. 워낙 뜻밖에 일어난 일이라 처음엔 어리둥절했다. 그러나 곧 이어 총소리가 울리기 시작하였다.

"탕! 탕탕! 탕탕탕!"

시위행렬이 성난 파도처럼 밀려들자 일본 경찰들이 무차별 사격을 시작했다.

"윽, 으으윽."

"으, 분하다."

"이럴 수가! 평화 시위에 무기를 들고 사람을 죽이다니!"

여기저기서 사람들이 쓰러지면서 비명을 질렀다. 이때 목이 터지도록 만세를 부르며 앞장서서 달리던 사람이 이렇게 외쳤다.

"결코 물러서서는 안 된다. 대한 독립 만세!"

평양 중심지는 만세 소리와 총소리, 신음소리로 아수라장이 되었다. 분노를 참지 못한 주민들은 마침내 경찰서를 습격하여 난투극을 벌이기도 했다.

사태가 이렇게 되자 일본 경찰들은 더이상 총격을 가하지 못했다. 대신 소방대를 동원하여 군중을 향해서 물벼락을 뿌리며 손에 잡히는 대로 때려서 검거했다. 이런 행패 앞에서는 시위대도 당해낼 수가 없었다. 군중은 잔악한 진압을 피해 도망가기 시작했다.

그런데 일본 경찰들은 미처 생각지도 못했던 방법으로 사람들을 체포하기 시작했다. 도망가는 사람들에게 붉은 물감을 탄 물을 소방차 호스로 뿌려 사람 사냥을 했던 것이다. 이 일로 많은 사람들이 검거당하여 엄청난 곤욕을 치렀다.

~

한편 평양에서 복음 전파를 위해 밤낮없이 땀 흘려 일하고 있던 마포삼열(새뮤얼 모펫, Samuel Austin Moffet)과 배위량(윌리엄 베어드, William Baird)

선교사는 우리나라를 위하여 역사에 빛나는 훌륭한 일을 해냈다.

마포삼열 목사는 선교사이자 미국 통신기관의 평양 주재원이었다. 그는 일본 경찰의 만행을 낱낱이 사진에 담아 본국에 발송했다. 배위량 선교사도 똑같은 일을 해서 우리나라의 처절한 독립운동의 실상을 전 세계에 알렸다. 그들이 보낸 사진과 소식을 보고 전 세계의 양심은 일본의 만행을 일제히 규탄하였다.

3·1운동 당시 일본 경찰들은 전국에서 수없이 많은 만행을 저질렀다. 수원지방 제암리교회에서는 신자들을 무더기로 가두어놓고 교회에 불을 지르기도 했고, 강서지방 모락장 폭동사건 때에는 엄청난 인명이 학살당하기도 했다.

만세운동의 결과가 일본의 보복으로 처참하게 이어지자 조만식은 비탄에 빠지지 않을 수 없었다.

'어허, 이렇게 나아가다간 우리 민족을 모두 말살시키겠군.'

이런 아픔 속에서 그는 훗날을 도모하기 위해 애국지사 도인권을 만나 중국 상하이로 망명길에 올랐다.

"현재의 형편으로 볼 때 망명밖에는 다른 길이 없습니다."

"정말 그럴까요?"

"마침 중국 상하이에 임시정부가 세워져 있잖습니까?"

"그렇긴 합니다만."

"그러니까 우리가 거기까지만 도착하면 할 일이 많을 것입니다. 그러니 이 기회에 중국으로 갑시다. 기회는 늘 있는 게 아니잖습니까."

"알겠습니다. 그렇게 하도록 합시다."

도인권의 권유에 망명을 결심한 조만식은 간단히 준비를 한 다음 중국으로 떠났다. 삼엄한 경계를 뚫고 중국 대륙으로 건너가기란 쉬운 일이 아니었다. 그래서 두 사람은 변장을 하고 조심스럽게 탈출을 시도했다.

도인권은 평남 용강 사람이었는데, 한때 구한국군 장교로 열심히 싸웠던 인물이었다. 그러다가 일제에 의하여 한국군이 해산하자 독립운동에 뛰어들었다.

두 사람은 대동강을 건너 해안 쪽으로 걸었다. 첫날은 무려 80리나 걸었다. 그래서 도착한 곳이 강동군에 있는 열파라는 마을이었다. 두 사람은 그곳에서 하루 묵기 위해 여관으로 향했다.

그런데 밤이 깊어갈 무렵 헌병대원을 사칭한 어떤 불량배에게 봉변을 당했다. 이 일이 발단이 되어 조만식은 진짜 헌병대에게 검거되고 만 것이다.

두 사람이 여관에서 저녁을 먹고 잠시 이야기를 나누다 잠자리에 들려할 때였다. 문 두드리는 소리와 함께 낮고 굵은 목소리가 들려왔다.

"잠깐 실례하겠소."

"누구신가요?"

조만식은 자리에서 일어나 문을 열어주었다.

"나는 헌병대에서 나왔소. 당신들을 좀 조사해야겠소."

"아, 그래요?"

헌병대라는 말에 몹시 긴장되었지만 애써 태연한 척했다. 망명길에 오른 자가 헌병대의 검문을 당한다는 것은 그물에 걸린 고기와 다를 바가 없었다.

얼마 전부터 이곳 열파지방에는 못된 불량배가 설치고 다니면서 외지에서 손님이 들어오면 헌병대를 사칭하면서 공갈 협박하여 돈을 뜯어내곤 했다. 지금 조만식의 숙소를 찾아온 자도 바로 그런 불량배였다.

그 불량배는 한때 일본 헌병대에서 보조원 역할을 했다. 그런데 헌병대 생활 중 아편 중독자가 되어 파면당했다. 그는 아편 기운이 떨어지면 탈진상태에 빠지곤 했다. 그래서 그 아편 값을 마련하려고 이런 짓을 해온 것이다. 말투나 행동이 얼마나 완벽했던지 그에게 걸린 사람은 속지 않을 수 없었다.

하지만 이런 사실을 알지 못한 두 사람은 얼마쯤의 돈을 손에 쥐어주면서 달래 보내는 요령을 알 리가 없었다.

"어디서 오셨소?"

"평양에서 왔소."

"목적지는?"

"여기까지요."

"무슨 목적으로?"

"장사할 물건을 구하려 왔소."

이때 사내는 조만식을 위아래로 훑어보았다.

"음, 평양에서 왔다고 그랬지? 그곳은 요즘 소요사태가 벌어져 어지럽다던데, 당신네들 행방이 몹시 수상쩍단 말이야."

"수상하다니요, 우린 그저 장사치일 뿐입니다."

"아냐, 뭔가 수상해. 당신네들 우리 헌병 분견대까지 동행합시다. 어서 일어나요."

조만식 일행은 난처하기 짝이 없었다. 그래서 그대로 자리에 앉아서 변명만 했다. 그런데 바로 이때 그 불량배가 예상 밖의 말과 행동을 하는 것이었다.

"당신네들 잠을 설치게 만드는 일은 그만두고, 대신 내일 아침 일찍 다시 오겠소."

그러면서 그는 두어 번이나 발길을 멈칫거렸다. 그는 조만식이 '아이고, 작지만 이거 받으시고 좀 봐주십시오'라며 손에 돈을 덥석 쥐어주기를 바랐다. 하지만 상대편이 아무런 반응도 없자 아쉬워하며 발길을 옮겼다.

조만식과 도인권은 강제 연행을 당하지 않은 것에 안도의 한숨을 내쉬었다. 하지만 그들은 '내일 다시 올테니 돈을 쥐어달라'는 불량배의 의도는 전혀 알아차리지 못했다.

조만식은 곧 자리에 누워 다시 잠을 청했다. 그런데 다음날 아침 일찍 눈을 떴을 때 도인권이 감쪽같이 사라져버렸다. 밤에 혼자서 도망친 것이다.

'이럴수가…'

조만식은 배신감이 들었지만 곧 그의 사정을 이해했다. 어젯밤 잠들기 전에 그는 몇 번이나 자신이 구한국군 장교였기 때문에 헌병대에 잡히면 죽음을 면치 못할 거라고 되뇌었다. 그래도 언짢은 마음은 쉽게 가시지 않았다.

어젯밤에 왔던 불량배는 아침 일찍부터 들이닥쳤다. 그러다가 한 사람이 눈에 띄지 않자 냅다 소리쳤다.

"동행자는 어디 있소?"

"모르오."

"그게 말이나 돼?"

"정말 모르겠소."

"도망친 게 분명하잖아."

"설사 그렇다고 하더라도 난 모르오."

"어서 사실대로 말해."

"난 모른다고 했잖소."

"정말?"

"정말이오."

"주리를 틀어도?"

"100번 틀어도 별 수 없는 일이오."

아무리 캐내려고 해도 별 수 없자 불량배는 냅다 외쳤다.

"더 이상 잔말 필요 없어. 어서 일어나!"

"어디로 가자는 거요?"

"헌병대로 간다."

"그럼 갑시다."

어찌할 수 없는 상황이라 조만식은 군말 없이 따라나섰다. 이번 해외 망명이 이렇게 실패하는 것은 하나님이 주시는 또 하나의 시련이라고 생각했다.

이때라도 뇌물을 주면 문제는 해결되었겠지만, 조만식은 그런 것은 상상조차 할 수 없었다. 돈을 받을 수 있을 거라던 기대가 완전히

빗나가자 그 불량배는 결국 조만식을 진짜 헌병대에 끌고 갔다.

그러자 이곳 열파 헌병 분견대에서는 느닷없이 횡재에 환성을 올렸다. 저절로 걸려든 피의자가 뜻밖에 적군의 거물급 인사였으니 말이다.

"이건 정말 횡재다."

"살다보니 이럴 수도 있구먼."

조만식은 즉시 헌병대 본부가 있는 평양으로 호송되었다. 이때 그의 나이는 서른일곱 살이었다.

감옥 생활

평양으로 호송된 조만식은 이튿날부터 심문 당했다.

"이름이 뭔가?"

"조만식이오."

"주소는?"

"평양."

"나이는?"

"서른일곱 살."

"가족은?"

"양친과 처자식이 있소이다."

"학력은?"

"메이지 대학을 졸업했소."

"경력은?"

"오산학교 교장을 지냈소."

"오, 화려하구먼."

심문자는 이어 물었다.

"그래 만세운동 때는 무얼 했나?"

"여러 가지 준비 작업을 했소이다."

"솔직하군. 그럼 열파까지 간 이유는 무엇이지?"

"중국으로 망명하기 위해서였소."

조만식은 조금도 숨기지 않고 당당하게 말했다. 망명이 좌절된 이상, 조금도 비굴한 태도를 보이고 싶지 않았기 때문이다.

"이유는?"

"국내 만세운동이 실패로 끝났기 때문이오."

"그래서 밖으로 나가 계속 해보려고 했군."

"그렇다오."

"그런 행위가 우리 일본 제국에 대한 반역인 것을 몰랐나?"

"천만에. 난 내 나라를 위한 일을 했을 뿐이오. 당신들이 볼 때는 반역일지도 모르겠구려."

"닥쳐!"

"빼앗긴 자기 나라를 되찾겠다는 것이 어찌 반역이 된단 말이오?"

"이 자는 자기 죄를 자기 입으로 다 불었어. 더 이상 지체하지 말고 당장 기소해버려."

심문하던 자는 자리에서 벌떡 일어나면서 부하에게 외쳤다. 조만식은 보안법 위반죄로 기소당하여 징역 1년이라는 실형을 선고받았다. 그때가 1919년 4월이었다.

조만식은 망명이 좌절되자 잠시 실망하기도 했다. 그러나 감옥에 들어온 후 오히려 마음의 안정을 되찾아갔다. 나라를 잃은 겨레와 고통을 함께 나누는 것이 망명을 하는 것보다 낫다는 생각이 들었기 때문이었다.

'그래, 망명이 최선은 아니야. 일제의 억압 아래 고통을 겪고 있는 민족과 이 고통을 함께 나누는 것도 값진 일이다.'

그가 이런 생각을 하게 된 것은 예수 그리스도의 정신을 먼저 생각했기 때문이다.

'주님이야말로 자기 백성을 위하여 세상 속으로 일부러 들어오지 않으셨던가.'

사실 조만식이 망명에 실패한 후 일시적으로 감옥에 갇히게 된 것은 하나님의 은혜였다. 만약 그가 망명에 성공했더라면 그저 임시정부 요인의 한 사람밖에 되지 않았을 것이다. 하지만 겨레와 함께 고통을 겪음으로 우리 민족을 더욱 사랑하게 되었고, 감옥 안에서 앞으로 어떤 삶을 살아야 하는지 다시 한 번 확인하는 시간을 가질 수 있었다. 그는 감옥에서 자신의 정신을 더욱 단련하고 무장시켰다.

'그래 이 감옥은 나의 자유를 박탈하는 곳이 아니라 나의 영혼을 지켜주고 정신력을 고양시켜주는, 하나님이 주신 안전한 성이야.'

남강 이승훈이 그랬듯이 감옥은 조만식에게도 그의 신앙을 연단시키는 장소가 되었다.

"하나님 아버지시여, 이제 저에게 더 큰 용기와 힘을 주소서. 더 나아가서 이 나라 이 민족에게 지치지 않는 끈기와 희망을 주소서."

매일매일 간절한 기도 속에 조만식의 신앙도 나날이 성숙해져갔다. 그는 성스러운 그리스도의 정신을 닮아가기 위해 노력했다. 그리고 그리스도의 사랑을 실천하는 데 노력했다.

그는 이 무렵 짧은 말들을 수없이 되뇌었다.

'이제는 사랑의 싸움밖에 남아 있는 것이 없다.'

'나의 언어는 실천뿐이다.'

'비폭력, 무저항보다 더 강한 힘은 없다.'

'두고 보아라. 우리 민족은 반드시 자유를 찾을 것이다.'

'진실, 오직 이 진실만이 내가 서야 할 자리이다.'

사람은 힘든 일이 닥치면 나약해지게 마련이다. 그러나 조만식은 고난을 통해 자신의 신앙을 더욱 일으켜 세우고 정신을 새롭게 했다. 그것은 마치 하늘에서 내리는 같은 비라도 죽은 나무는 썩게 만들고, 산 나무는 더욱 생기를 얻도록 만드는 것과 다름없었다.

그리고 그는 감옥 생활을 하면서 사랑과 무저항이 절대적인 힘이라고 믿게 되었는데, 이는 그가 일찍이 빠져들었던 마하트마 간디의 사상과 비슷했다. 간디는 생전에 여러 번의 옥고를 치르면서 사랑의 정신에 의한 비폭력운동의 힘을 발견하고 죽을 때까지 그 신념을 포기하지 않았다. 조만식도 그의 신념을 따르리라 결심했다.

≈

한편 아들이 감옥에 갇히게 되었다는 소식을 들은 아버지 조경학은 큰 충격으로 그 자리에서 쓰러지고 말았다. 단지 아들이 갇혔다는 이유뿐만 아니라, 앞으로 아들이 조국을 위해 일할 때마다 그런

옥고를 치러야 한다는 생각에 가슴이 미어졌다.

"그게 정말이냐?"

"틀림없습니다."

"어이쿠, 이런….”

"어르신!"

조경학이 쓰러지자 사람들은 그를 방에 눕히고 얼굴에 물을 끼얹는 등 소란을 피웠다. 그러나 조경학은 정신을 차리고 일어난 후에는 오히려 이전보다 더 담담한 모습을 보였다.

이튿날 감옥을 찾아가 아들을 면회할 때는 심약한 태도를 보이지 않으려고 애썼다.

"애야, 어떻게 된 일이냐?"

"망명길에 나섰다가 그만….”

조만식은 수척해진 아버지를 보며 차마 말을 잇지 못했다.

"그래, 하지만 너무 상심하지 마라. 얼마든지 전화위복이 될 수 있다."

"저도 그렇게 되리라고 믿습니다."

"그래, 여기서 끼니는 제대로 주느냐?"

"수수콩밥을 한 덩이씩 주는데 괜찮습니다."

"겨우 연명할 정도만 주는구나. 고생이 많구나. 하지만 큰 뜻을 이루기 위해서 그 정도는 참을 수 있어야 하지 않겠느냐."

"예, 아버님. 저도 잘 알고 있습니다. 그러니 너무 걱정하지 마십시오."

수수콩밥 한 덩이씩만 먹으면서 연명한다는 말이 아버지에게는 가슴 아픈 일이었지만 조경학은 아들을 담담히 격려했다.

　두 번째 면회는 매우 의미 깊은 만남이었다. 조만식이 아버지를 간곡하게 설득해서 복음을 받아들이게 했기 때문이다.

　"아버지."

　"뭐냐?"

　"제가 감옥 생활을 잘 견디고 있는 것이 무엇 때문이라고 생각하십니까?"

　"그야, 네 젊은 패기와 신념 때문이 아니겠느냐. 젊은 사람은 마땅히 그래야 하는 법이지."

　"아닙니다, 아버지."

　"아니라니?"

　"제가 아무리 젊고 신념이 강하다 하더라도 제게서는 그런 힘이 나올 수가 없습니다."

　"그러면 그 힘은 어디에서 나온다는 게냐?"

　"제가 긴 감옥 생활 중에서도 큰 힘과 용기를 얻을 수 있었던 것은 신앙 때문입니다. 하나님이 주시는 위로와 평안 때문이지요."

　잠시 아버지의 표정을 살피던 조만식은 간곡히 말했다.

　"아버지도 이번 기회에 꼭 하나님을 믿으십시오. 그래야만 우리가 바른 정신을 가지고 살 수 있습니다."

　"그러나 만식아, 나는 오랫동안 유학에 젖어 살아온 사람 아니냐…"

　평생을 유학자로 살아온 아버지는 쉽게 결정을 할 수 없었다. 조만식도 그것을 알고 있었다. 아버지의 얼굴에는 난감함이 서렸다.

그래도 조만식은 포기하지 않았다.

"하지만 하나님만이 참 신이십니다. 예수 그리스도를 통해서만 우리가 구원을 얻을 수 있습니다."

"그렇다고 해도 하루아침에 내 마음을 바꾸기는 쉽지 않지."

조경학은 기독교에 대해 크게 부정적이지는 않았지만 그렇다고 쉽게 용단을 내릴 만큼 기독교의 필요성도 느끼지 못했다. 아버지는 아들의 간곡한 부탁에도 망설였다. 조만식은 그런 아버지의 태도에 조바심이 났다.

"아버지."

"오냐."

"아버님 자신을 위해서 믿기 어려우시면 아들인 저를 위해서라도 하나님을 믿어주십시오."

"널 위해서 하나님을 믿다니?"

"살아 계신 하나님께, 아들에게 어려움을 견딜 수 있는 힘을 주십사 하고 빌어달라 말씀입니다."

"너를 위하는 일이라면 못할 일이 어디 있겠느냐…."

"아버님. 고맙습니다."

"고맙긴, 몸조심해라."

조만식은 아버지를 전도하기 위해서 뗄 수 없는 부정(父情)에 호소했다. 그렇게 해서라도 아버지가 신앙생활 하기를 간절히 원했기 때문이다.

아들을 면회하고 돌아온 조경학은 아들 말대로 이튿날부터 튼튼한 지팡이를 짚고 평양형무소를 아침마다 한 바퀴씩 돌면서 기도했다.

"하나님, 제 아들이 건강하게 지내도록 도와주십시오. 그리고 나라를 다시 찾을 힘도 주십시오."

그는 하나님이 누구이시고 어떤 분인지 알지도 못했지만, 무작정 날마다 그런 기도를 드렸다. 조경학은 하나님을 염두에 두고 기도한 것은 아니었다. 아들의 간곡한 부탁, 아들과 민족에 대한 염려 때문에 궁여지책으로 시작한 일일 뿐이었다. 그러나 이 일을 계기로 조경학은 신실한 신앙인이 되었다.

조만식은 완고한 부친을 변화시킬 만큼 강직한 신앙생활을 했다. 조만식과 함께 평양 감옥에서 두 달 가까이 수감 생활을 했던 이윤영은 훗날 이렇게 말했다.

나는 그분과 함께 그해 5월부터 병감 생활을 했다. 고당은 첫인상만으로도 지극히 인자하면서도 무척 강직한 분이라는 것을 알 수 있었다.

그때 감옥에서는 끼니마다 자밥이라고 부르는, 어린아이 주먹만 하고 수수가 섞인 밥덩이를 하나씩 주었다. 그런데 그분은 그 형편없고 작은 음식을 언제나 반으로 잘라 수척해 보이는 젊은이에게 주고 나머지 반쪽을 자신이 먹었다.

그뿐만 아니라 자신도 몸이 불편한 처지인데, 자다가 이불을 걷어차는 이가 있으면 그것을 가슴까지 끌어당겨 일일이 덮어주었다. 누구든지 부탁을 하면 불평 한마디 없이 달게 들어주셨다.

여러 차례 대화를 나누면서, 나는 그분 마음속에 하나님에 대한 신앙과 겨레에 대한 사랑으로 가득 차 있다는 사실을 알게 되었다.

또 나는 그분이 나라의 장래를 걱정하며 개탄하는 모습도 자주 보았다. 어쨌든 나는 그 시절 그분과의 교제를 일생을 두고 잊을 수 없다.

고당은 감옥 생활 중에도 결코 성경 읽기를 멈추지 않았다. 그의 이런 생활은 신앙을 더욱 굳건히 자리 잡게 해주었다.

당시 평양형무소에는 고당 외에도 많은 사람들이 3·1운동으로 잡혀와 있었는데, 대부분이 꿋꿋하고 당당한 모습이었다. 박현숙이라는 젊은 여성은 숭의여고 교사로, 여학생들로 구성된 '송죽 결사대'를 조직하다가 잡혀 들어왔다. 그녀는 만세운동을 준비했고, 태극기를 제작하는 일까지 직접 진두지휘했다가 붙잡혀 들어와 징역 1년을 선고받았다.

그녀는 그때 스물두 살의 처녀였지만 법정에서는 조만식만큼 당당했다.

"피고는 자기의 행동을 뉘우치는가?"

"뭐라고요?"

"자신의 행동을 뉘우치느냐고 물었다."

"내 겨레를 위해 좀더 희생적이지 못했던 일은 뉘우치고 있습니다."

"그럼 피고는 전혀 잘못이 없단 말인가?"

"빼앗긴 내 나라를 다시 찾겠다는데, 그것도 죄가 됩니까? 만약 당신네가 우리 처지가 되었다면 당신들도 분명히 그렇게 행동하지 않았을까요?"

"아니, 뭐야!"

이렇게 하여 징역살이를 시작했지만 그녀는 6개월 후에 병보석으로 풀려났다.

조만식이 수형 생활을 시작한 지 10개월이 지난 어느 날, 그의 감방 문이 열리더니 당국자가 그를 불렀다.

"수인 조만식."

"무슨 일이오?"

"가출옥이니까 어서 준비하고 나와."

"가출옥이라고?"

"그렇다."

"나는 못 나가오."

"무슨 말이지?"

"나가기 싫소이다!"

당국자는 가출옥을 거부하는 조만식이 어이가 없었다.

"나는 법에 어긋나는 행동을 한 것도 아니오. 그런데 당신들의 잣대로 죄가 있다 하여 이곳에 가두었잖소. 가두고 싶으면 가두고 무슨 큰 은덕이나 베풀 듯 당신들 필요한 때 내보내고. 늘 당신들 마음대로 하니, 거기에 장단 맞추어 따르지는 못하겠소."

"그럼 안 나가겠다 말인가?"

"그렇소. 난 형기를 다 채운 후 출감할 테요."

당국자는 난처한 표정을 지었다. 그러더니 강압적으로 말했다.

"당신은 법을 따라야 해. 수감이나 출감이나 다 법에 따르는 일이야. 형무소는 언제나 법원의 결정에 따라서만 움직이지. 그러니 어서 나와."

"그건 어디까지나 당신네 법이지 내 법은 아니오."

조만식이 가출옥을 거부한 이유는 분명했다. 요컨대 수감이 불법이었기 때문에 출감 명령도 여전히 불법이라는 것이었다. 하지만 조만식은 자신의 형량이 끝날 때까지 감옥에 있지는 못했다. 이날 석양 질 무렵, 간수 몇이 들어와 끝까지 저항하는 조만식을 강제로 끌어내어 형무소 밖으로 던져버렸기 때문이다. 조만식은 뜻하지 않게 자유의 몸이 되었다.

가출옥 통지서를 받은 가족은 벌써부터 마중을 나와 기다리고 있었다. 조만식은 그의 감옥 생활 동안 아버지가 독실한 기독교인이 되었다는 것이 무엇보다 큰 기쁨이었다.

물산장려운동

일제가 조만식을 가출옥시킨 것은
회유정책의 일환이었다. 3·1운동을 통하여 한국인들의 민족정신이
강렬하게 표출되자 이에 놀란 일제는 선심을 베풀어 민중의 마음을
누그러뜨리려 했다.

옥고를 치룬 조만식은 독립운동이 성공하려면 무엇보다 민족의
식을 고취시키는 데 목적을 둔 신앙운동이 중요하다고 생각했다. 그
는 이런 계획을 가지고 교화사업을 실시했다. 이를 위해 평양에서
선교 활동을 하는 선교사들을 만나 유대관계를 맺었다.

1920년 봄, 국내에서 〈동아일보〉와 〈조선일보〉가 창간되었다. 일
제는 그간 무력으로 강압적으로 통치하던 무단정치가 많은 저항을
불러오자 통치 방법을 달리했다. 일제는 조선총독부에서 일하는 사
람들을 군인에서 민간인으로 바꾸고, 조선 사람도 조선총독부에서

일할 수 있게 해주었다. 그리고 조선인에게 교육의 기회도 주고, 신문도 창간할 수 있도록 해주었다. 하지만 이는 무단정치에 반발하여 독립의 의지를 불태우는 우리 민족을 달래고, 교육을 통해 친일파를 키워 우리 민족을 분열시키려는 목적이었다.

도쿄 유학 시절에 막역한 사이였던 인촌 김성수와 고하 송진우 두 사람이 동아일보를 이끌게 되었다. 동아일보는 초기부터 민족정신을 고취시키는 일에 주력하는 한편, 조만식이 평양을 중심으로 펼치고 있던 교화사업과 문화운동, 계몽운동 등을 상세히 보도했다.

이렇게 되자 일제는 가만 있지 않았다. 〈조선일보〉도 그랬지만 〈동아일보〉는 여러 차례 신문을 압수당했고, 정간*까지 당했다. 하지만 이런 일제의 탄압은 오히려 신문이 민족과 민중의 대변지로 견실하게 성장하게 하는 채찍질이 되었다.

1921년 서른아홉의 조만식은 평양 기독교청년회 총무로 취임했다. 그가 기독교청년회 총무의 일을 맡게 된 것은 민족운동을 위한 하나의 진지를 구축한 것과 마찬가지였다. 당시 평양 기독교청년회 회장은 조만식의 어린 시절 친구인 김동원이었다.

평양 기독교청년회 회관은 대동문 안 종로에 자리잡고 있는 한식 기와집 2층이었다. 이 집은 워낙 낡아서 처음엔 선뜻 마음에 들지

★ 정간 신문 발간을 중단하는 일

않았다. 천장에서 쥐가 다닐 때마다 먼지와 티끌이 쏟아져내렸고, 마루바닥도 삐그덕거려서 걸음을 조심스럽게 옮겨야 했다.

그래도 조만식은 든든했다. 사무실이 아무리 낡았더라도 이곳이 민족운동과 교화운동을 펼칠 터전이라는 생각에 가슴이 뿌듯했다. 조만식은 그 후 11년간 이 회관에서 헌신적으로 봉사하게 되었다.

"정말 고당의 열성은 당해낼 수가 없어."

김동원은 헌신적으로 일하는 조만식에게 말했다.

"사실 나는 참된 기독교 정신이란 개인의 영혼을 구원하자는 데만 그치지 않고, 반드시 나라와 민족을 사랑하는 정신까지 이어져야 한다고 생각하네. 모세가 자기를 부르신 하나님을 바로 섬기기 위하여 이스라엘 백성을 40년 간 광야에서 인도하지 않았는가. 이런 신앙을 본받아야 된다고 생각해. 그런데 어찌 나 하나만 구원받자고 평안한 신앙생활을 할 수 있겠어!"

남강 이승훈이 그랬듯이 조만식 역시 신앙운동과 애국운동을 별개로 생각하지 않았다. 일제의 탄압으로 3·1운동은 실패로 끝났지만, 그 투쟁정신은 사라지지 않았고 오히려 독립을 염원하는 민족의 단일한 모습을 확인시키는 계기가 되었다.

그래서 뜻있는 이들은 계속하여 지하운동을 통해 독립운동을 벌였다. 조만식이 이끈 기독교청년회, 김병연이 이끈 대한청년단, 박현숙이 이끈 애국부인회 등이 그런 단체였다. 이밖에도 숭실학교 동문들의 활동과 작가 주요섭 등이 이끈 문학 청년회 활동도 무시할 수 없는 성과를 거두었다.

이런 지하운동들이 이룬 큰 성과 중 하나가 바로 '물산장려운동'

이다. 물산장려운동은 1922년부터 평양을 중심하여 전개되었는데, 이 운동의 주축이 바로 조만식이었다.

'우리 민족이 힘을 키우려면 경제력을 갖춰야 한다. 이를 위해서는 우리에게 필요한 물건은 우리 손으로 만들고, 우리가 만든 물건은 반드시 우리가 쓰는 풍토를 만들어야만 한다.'

조만식은 오랫동안 이런 생각을 해오다가 '물산장려운동'을 벌이게 되었다. 한마디로 국산품 애용운동이다. 국산품 애용은 조만식이 일찍부터 개인적으로 실천해오던 일이기도 했다. 그러다가 그는 자기 혼자만 실천할 것이 아니라 대중운동으로 확산시켜 널리 보급해야겠다는 생각으로 조직체를 만든 것이다.

그는 먼저 뜻있는 인사들을 불러 모아서 열변을 토했다.

"한마디로 말해서, 우리가 만든 것을 우리가 쓰는 것이 우리나라를 살리는 것입니다. 우리의 것을 우리가 쓰는 것은 우리 자신을 살찌우는 일입니다. 일본이 우리나라를 강탈한 후 우리나라에는 일본의 상품들이 마구잡이로 들어와 있습니다. 그런데 우리가 우리 손으로 만든 것을 외면하고 일본 상품만 사서 쓴다면 그것 또한 나라를 파는 일이 아니겠습니까! 그래서 비록 늦은 감이 있지만 이런 물산장려운동을 전개하기로 했습니다. 그러니 모두 나서서 이것이 바로 구국운동인 것을 명심하고, 여러분도 협력해주시기 바랍니다."

조만식의 연설은 참석자들을 감동시켰다.

"천만 번 옳은 말이야."

"일본 물건을 쓰는 건 원수 같은 일본놈들 배만 채워주는 일이야."

"우리 모두 이 운동에 앞장서자구."

이렇게 하여 물산장려회가 결성되었다. 본부는 기독교청년회 회관이었고, 회장은 조만식이 맡았다. 이때 그의 나이 마흔이었다.

고당은 우선 '물산장려가'라는 노래를 손수 만들어 보급하기 시작했다.

산에서 금이 나고
바다에 고기
들에서 쌀이 나고
목화도 난다
먹고 남고 입고 남고
쓰고도 남을
물건을 낳아주는
삼천리 강산

이 노래는 급속히 보급되어 어느새 평양 사회에서 유행가처럼 애창되었다. 조만식이 제창한 물산장려정신이 그만큼 많은 사람들에게 공감을 얻은 것이다.

또한 조만식은 대중의 가슴에 와닿는 표어도 손수 만들어 보급시켰다. '내 살림 내 것으로'라는 표어는, 짧지만 국산품을 애용하자는 애국정신이 잘 드러난 문구였다. 조만식은 일본 유학을 마치고 돌아와서부터 무명 한복을 입기 시작하여 이후 한 번도 다른 옷으로 바꾸어 입은 적이 없었다. 그의 이런 집념이 또 하나의 독립운동을 만들어낸 것이다.

오산학교에 막 부임했을 때 이런 일도 있었다. 어느 여름 날 동료 선생님들과 함께 금강산 구경을 가게 되었다. 그는 일본 유학 시절에 쓰다 가져온 맥고모자(개화기 젊은 남자들이 주로 쓴 밀짚모자)를 쓰고 갔다. 금강산을 두루 구경하고 명사십리까지 내려왔을 때, 몇 사람이 그의 모자를 두고서 말을 주고받았다.

"이제 보니 조 선생님 모자가 아주 멋진걸."

"일본제 모자인데 오죽하겠어."

"나도 하나 사서 써보고 싶다."

이 말을 듣고 있던 조만식은 자기의 모자를 벗어 이리저리 살펴보더니 구기고 찢기 시작했다. 순식간의 일이어서 모두들 어안이 벙벙해 바라보고만 있었다. 그는 구겨지고 찢어져서 너덜너덜해진 모자를 홱 집어던졌다.

"에잇 빌어먹을. 이제 보니 내 여태까지 일본놈의 것을 쓰고 다녔구나."

그는 자기 모자가 일본 제품인 것을 새삼 깨닫고 그렇게 찢어버린 것이다. 그리고 그 후로는 모자 대신 갓만 쓰고 다녔다. 그는 명함도 한지로 만들어 사용했다.

어느 날인가는 숭의학교를 다니던 딸이 수학여행을 가고 싶다고 했다.

"아버지, 드릴 말씀이 있는데요."

"오냐."

"우리 졸업반 전체가 며칠 동안 경성으로 수학여행을 떠나기로 했어요."

"그래, 너도 가려는 게냐?"

"네. 언제 또 경성까지 여행을 해보겠어요."

조만식은 잠시 생각하다가 허락할 수 없다고 했다.

"아서라, 너는 그만두렴."

"아버지!"

"경성까지 수학여행을 떠나자면 별 수 없이 기차를 타야 할 것 아니냐. 그래 그 차비가 어디 적은 돈이니. 그런데 그 돈을 일본 사람들 호주머니에다 바치겠다 그 말이냐?"

"하지만 아버지, 그렇게 생각하면 아무것도 할 수가 없잖아요."

"어쨌든 이번만은 그만두어라. 살다보면 이후로도 경성 구경 한 번 못하겠냐."

"아버지, 정말 너무하세요."

"너무하긴. 넌 이 애비가 시키는 대로 하거라."

조만식은 결국 딸의 졸업여행까지 포기시켰다. 일본 사람들에게 한 푼의 돈도 주어서는 안 된다는 이유에서였다. 이런 정신적 신념이 물산장려운동으로 이어진 것이다.

~

그는 물산장려회 결성을 위해 전국을 다니며 강연을 했다.

우리 한국 사람들이 오늘날 이처럼 비참하게 가난해진 까닭은 어디 있습니까? 사치스러운 마음도 그 까닭 가운데 하나입니다. 자기 손으로 만든 것은 천대하고 남이 만든 것이라면 무엇이라도 선호하는 그런 부패한 민족성 때문이 아니겠습니까! 이렇게 하여 힘이 약해진 우리나라는 결국 일본에게 강탈당하기까지 했습니다. 그런데도 우리가 정신을 차리지 못한다면 우리 민족의 운명은 어떻게 되겠습니까?

이런 반문을 먼저 던져놓고, 그는 대안까지 구체적으로 들려주었다.

우리는 반드시 이 난관을 헤쳐나가야 합니다. 그러기 위해서 우리가 할 수 있는 최선의 방법은 '내 살림, 내 것으로' 하는 것밖에 없습니다. 우리가 일본에게 나라를 빼앗긴 것도 억울한데 경제마저 침략을 당한다면 얼마나 억울하겠습니까! 우리가 더 이상 수탈을 당하지 않으려면 우리 손으로 만든 것을 우리가 써야 합니다. 우리나라가 회생할 수 있는 길은 이것밖에 없습니다. 국산품 애용운동이 정착되면 생산력이 증대되어 우리나라는 산업국가로 발돋움할 수 있을 것입니다. 그리고 마침내 민족경제를 도모할 수 있을 것입니다.

조만식의 물산장려운동은 많은 사람들에게 큰 호응을 얻었다. 평양에서는 이 운동을 확산시키자는 궐기대회까지 열렸다. 그리고 이

대회에 모인 수백 명의 사람들이 대회를 마치고 가두시위*를 벌이기도 했다.

이런 일로 평양 거리에서는 시위대와 경찰 사이에 웃지 못할 해프닝이 벌어지기도 했다. 물론 처음 시위는 궐기대회*에 참석한 사람들만 시작했다. 그런데 이 가두행진이 계속될수록 대열은 점점 늘어났다. 이 행진이 도청 앞에 이르렀을 때는 처음 시위대의 몇 배가 넘는 엄청난 사람들이 모였다. 이토록 많은 숫자의 시위대가 만세를 부르기 시작하면서 일이 벌어졌다.

"만세!"

"만세!"

"만세!"

만세 소리가 진동하자 평양경찰서는 깜짝 놀라 병력을 보내서 진압하려 했다.

"저게 무슨 소리지?"

"만세 소리인데요."

"이크, 또 큰 일이 벌어졌군. 자, 출동이다!"

"네!"

처음엔 경찰들이 시위대를 위협하기 위해 몇 발의 공포를 쏘았다. 그러나 시위의 성격이 독립운동이 아니라 국산품 애용이라는 것을 알고 난 후 일본 경찰은 더 이상 그들을 막을 수가 없었다. 그래서

★ 가두시위 길거리에서 하는 시위
★ 궐기대회 어떤 문제에 대해 해결책을 촉구하기 위해 뜻있는 사람들이 궐기하는 모임

곧 일본 경찰은 철수하였으나 시위 행렬은 좀처럼 해산되지 않았다.

이처럼 물산장려운동이 본격적으로 전개되자 평양 거리에 유행한 옷이 있었다. 무명 바지저고리와 무명 두루마기 그리고 무명으로 만든 모자 등이었다. 이 운동은 급속도로 사회 각계각층으로 퍼져 나갔다. 심지어는 평양 명물 가운데 하나로 꼽히는 기생들까지도 값진 패물 따위를 사회단체나 학교 등에 기증하고 모두 무명 치마와 무명 저고리를 입고 나설 정도였다.

마하트마 간디가 영국에 대항하여 무저항운동을 벌일 당시, 스스로 물레를 돌려 실을 자기 옷을 만들었다는 얘기는 너무나 유명하다. 민족의 지도자 고당 조만식 선생도 국산품 애용운동을 벌여 일본에 간접적으로 대항하여 '한국이 낳은 간디'라는 말을 듣게 됐다.

평양 거리는 무명옷들로 넘쳐났다. 일반 사람들은 말할 것 없고 심지어 학생들까지도 무명옷을 만들어 입는 일을 자랑스럽게 여길 정도였으니, 무명옷의 인기는 하늘을 찌를 듯했다. 그리고 이 무명옷의 유행은 모두 고당 조만식 때문이었다.

이런 사태를 지켜보면서 일본 당국은 속이 뒤틀렸지만 단속할 법적 근거가 없어서 속수무책이었다. 그러던 어느 날 경찰 당국은 조만식을 불러 트집을 잡았다.

"당신이 지금 벌이고 있는 운동이 뭐요?"

"보다시피 물산장려운동이오."

"그 안에 불순한 계획이 들어 있는 것 아니오?"

"불순한 계획이라니, 그래 국산품을 쓰자는 것도 불순한 운동입니까?"

"그렇게 하여 우리 일본의 화폐를 몰아내자는 것 아니오."

"그것은 당신네들 생각이지 내 생각은 아니오. 단지 우리 운동의
목적은 생존을 위한 최소한의 몸부림일 뿐이오."

"그러다가 또 나가서 대한독립이니 하며 사람들을 선동하려는 것
아니오?"

"그런 적 없습니다. 지난 번 가두행진도 그저 우리의 각오를 다지
려는 것일 뿐이었지요."

만세운동이든 물산장려운동이든 그 목적이 동일하다는 것을 일
본도 잘 알고 있었다. 그러나 드러나는 불법행위가 없으니 그저 눈
에 불을 켜고 지켜볼 뿐이었다.

아들의 구두를 자르다

평양에서 시작된 물산장려운동은 오래잖아 서울에서도 전개되었다. 그리고 이런 애국운동은 곧 각 지방으로 퍼져나가서 거국적인 운동이 되었다.

전국적으로 물산장려운동이 전개되자 가장 먼저 즐거운 비명을 지른 곳은 국내 여러 곳에 세워진 직조물 생산 공장과 거래 상가들이었다. 당시 성천 명주, 희천 명주, 영변 명주, 한산 모시, 서산 모시, 안주 항라 등이 유명했으며 영변, 맹산, 양덕, 덕천 등지는 포목 집산지로 유명했다. 그래서 이런 곳에서 거래가 활기를 띠었다.

한편 전국적으로 확산된 물산장려운동은 '고당 조만식'이라는 이름을 널리 알려주는 계기가 되었다. 평양 거리에서는 말할 것 없고 각 지방에서도 조만식에 대한 인식이 높아졌다. 그래서 그가 거리를 지나갈 때면 사람들은 그를 보며 이렇게 말하곤 했다.

"저분이 바로 조만식 선생님이셔."

"조만식 선생님은 우리의 정신적인 기둥이야!"

"조만식 선생의 곧은 애국정신은 정말 대단해."

국산품 애용운동이 활기차게 전개되면서 수요가 급증하자 일부 악덕 상인들이 날뛰는 부작용도 생겼다. 그들은 호경기를 틈타서 엉터리 위조품을 만들어 돈벌이에 나섰던 것이다. 이런 소식을 전해들은 조만식은 고심했다.

그는 물산장려회의 부회장직을 맡고 있던 한근조와 이 일에 대해 심각하게 의논했다.

"한 선생!"

"예, 조 회장님."

"요즘 상점에 가짜 상품이 많이 나돌고 있다고 하는데, 그 말이 사실입니까?"

"처음엔 설마 하고 생각했는데 사실인 것 같습니다."

"그렇다면 큰일이군요. 이런 일은 우리가 전개하고 있는 운동에 치명적인 폐단 아닙니까."

"그래서 저도 지금 걱정하고 있습니다."

"걱정만 하고 있을 때가 아닌 것 같습니다. 대안을 세우지 않으면 안 되겠어요."

한근조 역시 이 일의 심각성은 알고 있지만 마땅한 대안이 없어 고민이었다.

"우리 물건을 우리가 사서 쓰자는 운동도 좋지만 더욱 중요한 것은 물건을 만드는 마음 자세가 아닐까요?"

"그렇습니다. 국산품 애용이라고 하며 물건을 아무렇게나 만들어서 소비자를 속여 돈벌이에만 급급하다면, 그건 도리어 망국의 지름길이 아니겠습니까."

"그러니 이제라도 그런 폐단을 막는 운동을 펼쳐야 합니다. 그렇지 않으면 공든 탑도 무너지고 말 테니까요."

"그렇게 합시다."

조만식은 다시 시작하는 마음으로 순회 강연회를 열었다. 단순히 국산품을 애용하자는 점만 강조한 것이 아니라 민족적인 자각을 촉구하면서, 우리 민족이 대동단결하지 않으면 안 된다는 점을 강조하였다.

청나라의 태조는 아들을 아홉 명이나 두었는데 모두가 똑똑했지만 서로 합심하지 않은 게 탈이었습니다. 그래서 태조는 생각다 못해 어느 날 자기 아들들에게 이런 명령을 내렸습니다.

"너희는 모두 밖으로 나가서 물푸레가지를 하나씩 잘라오너라."

아들들이 각자 물푸레가지를 꺾어오자 태조는 그것을 모두 받아들고서 이렇게 물었습니다.

"내가 이것을 하나씩 들고서 꺾는다면 쉽게 꺾을 수 있겠느냐, 없겠느냐?"

"쉽게 꺾을 수 있습니다."

태조는 아들들 앞에서 나뭇가지를 하나씩 하나씩 힘들지 않게 꺾어 보였습니다.

그런 다음 또 이렇게 물었습니다.

"그렇다면 이번엔 내가 이 나뭇가지 아홉 개를 한데 묶어놓은 것을 꺾을 수 있겠느냐, 없겠느냐?"

"꺾기가 어려울 것 같습니다."

이때 태조는 나뭇가지 아홉 개를 한데 묶어 놓은 것은 도저히 꺾을 수 없다는 사실을 몸소 보여주었습니다. 그런 다음 이렇게 말했습니다.

"너희도 이와 마찬가지이다. 서로 나뉘면 힘이 없지만 한데 뭉치면 누구도 너희를 꺾을 수 없을 것이다."

이 이야기는 우리에게 많은 교훈을 줍니다. 여러분, 국산품 애용에 앞서 우리 겨레는 먼저 일치단결하는 일이 더 시급합니다. 그런데 이런 중요한 시기에 개인적인 이익만을 위해 불량품을 만들어 무더기로 쏟아놓는 무리가 있다는 것은, 이 나라의 슬픔이요 수치입니다.

사실 우리가 국산품 애용운동을 펼치게 된 것도 다 나라를 위하는 마음에서 출발한 것입니다! 그런데 오히려 그것을 이용하여 돈벌이에만 혈안이 되어있다는 것은 이 나라를 망하게 하겠다는 것 아니겠습니까!

조만식은 우리 민족이 다시 살아나려면 마음 자세부터 바르게 고쳐야 한다고 누누이 강조했다. 조만식의 강연은 언제나 감동적이었다. 하지만 그는 미리 연설문을 준비하거나 원고를 보고 연설하는 일이 없었다. 그는 그 상황에서 진심으로 우러나는 말로 청중들에게 호소했다.

물산장려운동은 약간의 부작용이 있긴 했으나 전체적으로 매우 성공한 운동이었다. 그리고 이 운동이 성공하게 된 데에는 조만식 자신부터 국산품을 애용하는 일을 몸소 실천했기 때문이다.

조만식의 아들 연명은 중학교를 졸업할 무렵, 구두가 너무 신고 싶었다. 얼마 전 구둣방에서 본, 에나멜 칠을 한 반짝반짝한 구두를 갖고 싶다는 생각을 떨칠 수 없었다. 연명은 큰마음을 먹고 구둣방으로 갔다. 그곳은 마침 친구의 형이 경영하고 있는 가게였다.

"형."

"오, 너 연명이구나. 어찌 왔느냐?"

"저도 구두 한 켤레 맞추려고요."

"허, 그게 정말이냐?"

"네."

"하긴 너도 중학교를 졸업하게 되었으니 구두를 맞추어 신을 만도 하지. 그럼 어떤 걸로 신고 싶니?"

연명은 이것저것 고르다가 가장 고급스러워 보이는 가죽을 가리켰다.

"형, 이걸로 맞추면 좋겠어요."

"어이쿠, 이건 제일 비싼 건데."

"괜찮아요. 이왕 큰맘 먹고 하는 건데 좋은 걸로 해야죠."

"아서라 연명아, 이건 그만두렴."

"왜요?"

"나야 돈을 많이 벌 수 있으니까 좋지만 네 아버지가 절대로 가만
두지 않으실 거다. 여기까지 찾아와서 호통이라도 치시면 내 체면이
뭐가 되겠니. 그러니까 안 돼."

"형, 그런 염려는 마세요. 제가 알아서 잘할 테니 구두만 잘 맞춰
주세요."

"정 그렇다면 별 수 없는 일이지만…."

구둣방 형은 난처한 표정을 지으면서 간신히 허락했다. 그러고는
며칠 후 주문한 구두를 맞추어 주었다. 정말 반짝반짝 윤이 나는, 보
기 드문 고급 구두였다.

연명은 구두 봉투를 손에 들고 조심스럽게 집에 들어갔다. 행여나
아버지가 보시면 나무랄까 싶어 조마조마했다. 연명이 숨죽이며 대
문을 들어서자, 열어놓은 방문으로 아버지가 부르셨다.

"얘, 연명아."

"예."

"그게 뭐냐?"

연명은 아무 말도 할 수 없었다.

"뭐냐고 묻지 않느냐?"

"구두예요."

"구두라고?"

"예."

"어디 한번 보자."

연명은 아버지에게 감히 구두를 보여주지 못하고 그 자리에 서서
아버지 표정만 살피고 있었다.

"어서 가져와 보라는데 뭘 꾸물거리고 있느냐."

연명은 마지못해 아버지께 구두 봉투를 드렸다. 아들에게서 봉투를 받은 조만식은 구두를 꺼내 들고 한참을 이리저리 살피셨다.

"참 고급 구두구나. 그래, 어디서 맞추었냐?"

뜻밖의 반응에 연명은 오히려 당황했다. 무슨 말을 해야 할지 몰라 우물쭈물 하고 있었다.

"어디서 맞추었냐고 묻잖니."

"청마 구둣방에서⋯."

"음, 잘했다. 정말 잘 맞추었어. 이런 고급 구두를 장만하기가 어디 쉬운 일이냐."

연명은 아버지께 날벼락을 맞을 것이라 생각했는데 아버지의 목소리는 꿀처럼 부드러웠다. 아니 부드럽기만 한 것이 아니라 오히려 칭찬처럼 들리기도 했다. 조만식은 부드러운 목소리로 말을 이었다.

"연명아."

"예, 아버지."

"안방 벽장을 열면 가위가 있을 게다. 어서 그 가위를 좀 가져오렴."

"네? 가위를요?"

"그래."

연명은 그게 무슨 뜻인지 금방 알아차릴 수 있었다. 그렇다고 아버지 말씀을 따르지 않을 수도 없었다. 연명은 차마 발걸음이 떨어지지 않았다.

"뭘 머뭇거리고 있느냐. 어서 가져오지 않고."

아버지의 목소리는 분명하고 단호했다. 연명은 아버지에게 가위를 가져다주었다. 조만식은 가위를 손에 들자마자 아들이 맞추어 온 고급 구두를 싹둑싹둑 자르기 시작했다. 그러면서 이런 말까지 했다.

"가죽이 새것이라 참 잘 잘리는구나."

헝겊처럼 잘려 처참한 꼴이 된 구두는 대청마루 아래로 던져졌다. 좀전까지의 온화한 얼굴은 온데간데없이 사라진 조만식은, 낮지만 서릿발 같은 목소리로 아들은 꾸짖었다.

"연명아."

"예."

"네가 지금 정신이 있는 애냐, 없는 애냐?"

연명은 차마 아무 말도 할 수 없었다.

"누군들 좋은 구두를 맞추어 신고 싶은 마음이 없겠느냐. 하지만 사람은 누구나 자기 처지에 맞게 살아가야 하는 법이다."

"아버지, 잘못했습니다."

"그래, 또 이처럼 분수에 넘치는 짓을 할 테냐?"

"안 하겠습니다, 아버지."

"그렇다면 내가 이번만은 용서하마. 어서 물러가거라."

"예, 아버지."

검소함을 가르치는 조만식의 한결같은 태도는 그 가정과 더 나아가 사회까지 변화시켜 갔다.

조만식이 주도한 물산장려운동은 비단 직물업계뿐만 아니라 다른 여러 분야에서도 민족자본을 형성시켜 기업체들의 발전을 가져다주었다. 그래서 이 운동은 민족자본 육성의 선구적인 모델이 되었다.

그러나 민족경제에 중흥을 가져다주었던 물산장려운동도 15년이 지난 1937년 이후로는 계속되지 못했다. 제2차 세계대전 발발을 앞두고 전운이 깊어지자 일제는 우리 민족의 대외적인 행사를 일체 중단시켰기 때문이다.

사실 이때부터 일제는 본격적으로 중국을 침략할 준비를 하고 있었다. 그래서 그들은 먼저 식민지 민족의 크고 작은 활동을 모두 봉쇄시켜 자기들의 계획을 실행하려 했다.

중일전쟁이 터지기 1년 전, 1937년 4월 평양경찰서는 조만식을 호출하였다. 조만식이 경찰서에 가자, 스미즈가와 형사는 단도직입적으로 명령했다.

"물산운동인가 장려운동인가는 오늘부터 당장 중단해야 하오."

"그게 무슨 말이오?"

"우리의 정책에 협조를 해야 하오. 당장 해산시키지 않으면 곤란할 거라는 걸 알아야 할 거요."

"우리 운동은 법적으로도 아무 문제가 없소. 그런데 왜 중단하라는 거요?"

"핑계대지 마시오. 속셈은 소위 민족운동이면서 그동안 시치미떼고 있었다는 것을 우리가 모를 줄 알았소?"

조만식 역시 당시의 정세를 잘 알고 있었다. 더 버티다가는 얻는 것보다 잃는 것이 많다는 것을 안 그는 마침내 15년 간 해온 물산장려운동의 막을 내리기로 결정했다.

그렇다고 그가 모든 것을 접은 것은 아니다. 물산장려운동 조직만 접은 것이지 정신적 운동을 포기한 것은 아니었다. 그의 정신운동은 그가 세상을 마칠 때까지 계속되었다. '내 살림, 내 것으로'의 신념은 절대로 굽히지 않았다.

조만식은 1922년 이래 물산장려운동에 주력했지만, 그밖에도 겨레를 위해 주어진 일은 무엇이든 최선을 다했다. 평양형무소에서 출감한 후, 당시 서울에서 감옥 생활을 하고 있던 남강 이승훈 선생을 면회하였다.

이승훈은 자신의 빈자리를 조만식이 채워주길 바랐다. 이승훈의 간청으로 조만식은 다시 오산학교 교장으로 부임하였다. 그러나 일제가 교장직 인가를 내주지 않아 곧 교장직을 사임한 후 평양 기독교청년회 총무직을 맡아 일했다.

그 후 그는 1925년 오산학교 교장으로 재취임하기도 하였다. 하지만 이때도 역시 1년을 넘기지 못하고 물러나 평양으로 가서 숭인학교의 교장직을 맡았다. 그는 숭인학교에서 교장과 이사장직을 수행하며 여러 해 동안 많은 업적을 쌓았다.

변함없는 교육열

오산학교는 3·1운동 당시 모조리 불타버렸지만 뜻이 있는 청년 재벌 김기홍이 나서서 재건하여 1년 반 만에 다시 문을 열 수 있었다. 오산학교는 폐허 위에서 기적처럼 소생했다.

오산학교가 활기를 되찾은 것은, 무엇보다 일시적으로 학교를 떠났던 조만식이 교장으로 다시 재직하게 되었기 때문이다. 게다가 이때는 남강 이승훈이 다시 감옥에 있어, 오산학교에서 조만식의 위치는 절대적이었다.

다시 학교를 열었을 때 1학년은 모두 새로 들어온 학생들이었지만 2학년과 3학년 상급생 가운데는 다른 학교에서 전학해 온 학생들이 적지 않았다. 그것은 그만큼 이승훈과 조만식의 명망이 높았기 때문이다.

이영학과 이홍정 등이 신성학교에서 옮겨왔고, 홍종인과 함석헌

등은 평양고보에 다니다가 옮겨왔다. 이들은 모두 훗날 영향력 있는 인물이 되었다. 조만식은 학생들 앞에서 늘 이런 말을 하였다.

우리 오산학교는 여러분도 잘 알고 있듯이 민족 투사인 남강 이승훈 선생께서 세우신 학교입니다. 우리 학교는 일반 공립학교와는 전혀 다르고, 외국에서 들어온 선교사들이 세운 학교와도 질적으로 다릅니다.

가령 평양에 있는 숭실학교만 해도 선교사가 세운 것이기 때문에 기독교 신앙에 중점을 두고 일반 학과목만을 가르칩니다. 그러나 우리 오산학교의 사명은 거기에 그치지 않습니다. 나라를 빼앗긴 우리는 신앙과 더불어 하나님의 뜻에 일치하는 애국정신까지도 동시에 가르치고 배우도록 하는 것이 또 하나의 사명입니다.

학생 여러분.

나라의 운명은 지금 백척간두*에 놓여 있습니다. 그러므로 여러분은 이 나라를 이끌어나갈 역군으로서 자신의 본분을 잘 지켜야 합니다. 여러분들은 각자 숨은 일꾼들이 되어야 합니다.

고당 조만식이 다시 오산학교 교장으로 부임하면서 서무와 회계는 이윤영이 맡았고, 교감직은 김기홍이 맡았다. 그리고 교사진은 김이열, 이경근, 노학근, 이택호, 황봉기, 김중전, 김택제 등으로 구

★ 백척간두 백 자나 되는 높은 장대 위에 올라섰다는 뜻으로, 몹시 어렵고 위태로운 지경을 이르는 말

성되었고, 전체 학생 숫자는 200명이 넘었다. 평안도는 물론 멀리 경상도, 전라도, 함경도 등지에서 온 학생들도 많았다.

오산학교는 학교라기보다는 정다운 가정과 같았다. 스승과 제자가 한자리에 모여서 이야기하고 토론하고 함께 생활하는 만큼 선생님과 학생들 사이엔 거리감이 없었다. 그렇다고 선생님에 대한 존경심이 없는 것이 아니었다. 어떻게 보면 이 당시 학생과 선생님들은 친부모와 친자식 같았다. 선생님은 학생들 하나하나의 이름뿐만 아니라 이들의 고향, 성격, 취향, 재능, 감정까지도 읽을 정도였다.

상급생과 하급생 모두 친형제 같았다. 그들은 언제나 위아래를 구분치 않고 마치 형과 동생들처럼 서로 돕고 아껴주었다. 그래서 간혹 졸업장을 받지 못하고 중간에 나간 학생이 생기더라도 오산학교 시절을 잊지 못했다.

절골과 용동에서 다니는 몇몇 학생을 제외하고 학생의 대부분이 기숙사에서 함께 생활했기 때문에 이런 분위기가 더 쉽게 만들어질 수 있었다. 참새들의 유쾌한 지저귐과 함께 학교 앞 시냇가에 가서 얼굴을 씻으며 하루 일과를 시작했고, 학생들이 부르는 노랫소리가 노을지는 산천에 울려 퍼지면 하루 일과가 끝났다.

학생들은 기쁠 때나 슬플 때나 입 속에서 흥얼흥얼 노래 부르는 것이 습관이 되었다. 가장 많이 불린 것은 '오산경가'라는 노래였다. 오산경가는 전체 가사가 12절로 되어 있는 노래였는데, 그중 일부는 다음과 같다.

지붕 위에 지저귀는 참새의 무리

우리 청년 더운 가슴 노래하는 듯
이곳에서 저리로 저기에서 이리로
무리지어 날아다님 곱기도 하다

퉁 하자 떠오른다 풋볼이로다
나는 듯 달려나감 웅장도 하다
총알같이 다니는 건 베스볼인데
신출귀몰 슬겁고도 용감하구나

구름 뚫고 우뚝 선 건 백수송이요
조는 마음 깨워주는 경성 종대라
뒷동산에 잎 푸른 어린 솔들은
이어 나간 형님들의 기념수로다

동리 안에 깊게 판 우물로서는
그침없이 단 샘물을 내어주는데
구슬같이 울려오는 맑은 노래는
주님 은혜 감사하는 아침 찬미라

간 데마다 악이어든 넘어뜨리고
선이어든 무엇이나 일으키면서
바람 부는 들에서나 물결에서나
오직 우리 하나님께 영광 돌려라

아아, 우리 오산은 어미 학교요

어미 학교 오산은 이런 곳이라

홍안의 기력 장한 이백 건아야

영원히 이 경개를 노래하여라

조만식의 검소한 생활은 다음과 같은 일화를 남기기도 했다.

도쿄에서 동양 대학을 마치고 돌아온 이상정이 오산학교에 와서 교편을 잡고 있을 때였다. 어느 날 아침 조회 시간을 앞두고 그는 교장인 조만식을 찾아왔다.

"교장선생님."

"왜 그러시오?"

"오늘 아침 조회 시간에 저를 단상에 좀 세워주십시오."

"무슨 일로 말입니까?"

"세워주시기만 하면 곧 알게 되실 것입니다."

"학생들에게 도움 되는 일이라면…."

"물론입니다. 그래서 부탁드리는 것이지요."

"그럼 그렇게 하지요."

조회시간이었다. 이때 조만식이 먼저 연단에 올라가 소개말을 했다.

"오늘 아침 조회에는 특별히 이상정 선생께서 여러분을 위하여 좋은 말씀을 들려주시겠습니다. 그러니 모두 경청하기 바랍니다."

조만식이 소개를 마치고 내려서자 이상정이 단 위로 올라섰다. 무슨 말을 꺼내려는지 그 표정은 내내 무거웠다.

"나는 오늘까지 훌륭한 고당 선생님을 모시고 학교 생활을 해오

면서도 여전히 위선자로 살아왔음을 고백합니다. 정말 부끄럽습니다. 그러나 나는 오늘부터 새사람이 되어서 살겠다는 결심을 여러분 앞에 보여주고 싶어 여기에 섰습니다."

여기까지 말한 이상정은 갑자기 자기의 윗도리를 벗었다. 그러자 고운 비단 조끼가 드러났다. 그는 비단 조끼를 얼른 벗어 높이 치켜들면 큰소리로 외쳤다.

"여기 보이는 이 비단 조끼가 내가 위선자라는 것을 잘 증명해주고 있습니다. 검소한 생활을 주장하고 가르치는 선생으로서 이런 나의 모습은 너무나 이중적인 인간임을 말해주고 있습니다."

그는 여기까지 말하더니 손에 든 비단 조끼를 여러 갈래로 찢었다. 너덜너덜한 헝겊조각이 된 조끼를 다시 높이 쳐들었다.

"여러분, 나는 지금부터 이런 값비싼 옷 따위는 절대로 몸에 걸치지 않겠습니다. 그리고 고당 선생님처럼 검소한 생활을 실천해 보이겠습니다."

이상정은 조만식이 검소한 생활을 엄격하게 실천하는 것을 보고 자신의 삶을 반성한 것이었다. 비단 이상정뿐만 아니라 누구라도 조만식의 말없는 실천을 보면 사치스런 생활을 계속 할 수가 없었다.

조만식은 오산학교에 모든 열정을 쏟았으나 1921년 4월 일제가 교장직을 인가해주지 않아 교장직에서 물러나야 했다. 하지만 1925년 오산학교 교장 유영모가 형편상 교장직을 그만두자 다시 오산학교 교장으로 취임했다. 조만식은 한 번은 교사로, 두 번은 교장으로 오산학교에 세 차례나 발을 들여놓았었다.

조만식이 오산학교 교장으로 재취임할 때 그는 물산장려운동으로 전국적으로 명성을 떨치고 있었다. 오산학교는 이전과 많이 달라져 있었다. 예전의 네 배가 넘는 건물이 새로 세워졌고, 운동장도 크게 넓혀져 있었다. 그리고 남강 이승훈 선생이 감옥에서 풀려나 다시 학교로 돌아와 있어서 조만식 혼자서 학교를 이끌 때와는 달리 큰 힘이 되었다.

이 시절에도 많은 일화가 있다. 그중 몇 가지 일화를 소개하면 이렇다.

졸업을 앞둔 학생이 어느 날 이승훈을 찾아왔다.

"선생님, 꼭 일본 유학을 하고 싶습니다. 허락해주십시오."

그러자 이승훈은 극구 만류하였다.

"내가 벌써 몇 번이나 타일렀지 않으냐. 그만두는 게 좋겠다고 말이다. 사실 그동안 일본으로 유학을 간 젊은이는 많았지만 그들 중 애국심을 제대로 지니고 다시 돌아온 사람은 별로 없었어. 너는 절대로 그렇지 않겠다고 장담하지만 누가 그걸 보증한단 말이냐."

이때 조만식이 말을 가로막았다.

"남강 선생님의 말씀도 일리는 있으나 반드시 그렇게 된다고는 볼 수 없지요."

그리고는 학생을 향해서 이렇게 말했다.

"자네의 뜻이 정녕 확실하다면 유학을 떠나게나. 뒷일은 내가 다 봐줄 테니까."

이렇게 하여 그 학생은 일본 유학을 마친 후 큰 인물이 되었다.

한번은 이 학교를 졸업하고 수학 교사로 재직하던 서춘이 뜻밖에 출근을 거부했다. 조만식이 그를 찾아가 이유를 묻자 그는 학교를 그만두고 싶다고 했다.

"저는 이제 학교를 그만두고 싶습니다."

"왜 그러나? 이유가 있을 것이 아닌가?"

"생활비를 한 푼도 받지 못한 것이 벌써 몇 달째입니까! 수업을 거부한 교사가 저 하나처럼 보이지만, 저의 이런 행동은 전체 교사들의 뜻을 대변한 것입니다."

"이거 큰일이구만."

"물론 처음에는 훌륭한 교장선생님의 뜻을 받들어 열심히 하려고 했지만, 현실적으로는 참 어렵습니다…."

학교 경영이 가장 어렵던 시기에 이런 일이 생겼다. 조만식은 더 이상 말을 못하였다. 서춘은 조만식이 가장 아끼고 사랑하던 제자였다. 그런데 그런 제자에게서 이런 말을 듣고나니 실망스러우면서도 제자의 생활고에 가슴 아팠다. 생각다 못한 고당은 꾀를 내어 다음 날 한 학생을 그에게로 보냈다.

"누구냐?"

"선생님, 접니다."

"무슨 일로 왔지?"

"수학 문제 하나가 도저히 풀리지 않아서 찾아왔습니다."

"그래, 그럼 어서 들어오렴."

"네."

공책에 적어온 문제는 상당히 까다로웠다. 하지만 서춘은 거뜬하게 풀어냈다.

"상당히 어려운 문제구나. 자, 잘 봐라. 이렇게 하면 쉽게 풀 수 있단다."

바로 그때 학생이 엄숙한 표정으로 말했다.

"서춘 선생님."

"왜?"

"내일부터 학교에 나오시나요?"

"갑자기 그게 무슨 소리냐?"

"보십시오. 저는 도저히 풀기 어려운 수학 문제를 선생님은 금세 풀어내셨잖아요."

"그래서?"

"지금 선생님께서 생각하고 계신 학교 문제도 마찬가지라는 생각이 듭니다."

"마찬가지라니?"

"사람에게 어려운 문제도 하나님은 아주 쉽게 해결하실 수 있잖아요. 그러니 선생님이 이렇게 집에 계시는 것보다 학교에 나와 계속 학생들을 가르치면서 하나님께서 문제를 풀어주실 때를 기다리는 것이 더 현명한 일 아닐까요?"

"호, 그 녀석."

서춘은 학생의 지혜에 놀랐다. 그러면서도 분명 학생 혼자만의 생각이 아니라고 느꼈다.

"이런 일을 너 혼자 벌였을리는 없고. 누가 시킨 거지?"

"예."

"교장님이시지?"

"예, 교장선생님께서 얼마나 답답하셨으면 그러셨겠어요. 그러니 선생님, 제발 내일부터는 학교에 나오세요."

"그래, 알겠다."

서춘은 아이의 간곡한 부탁과 조만식의 지혜에 감동을 받았다. 또 자신의 생각이 좁았던 것이 부끄러웠다.

그는 다음날 다시 학교에 출근하기 시작했다. 그러나 그 후 조만 식 앞에 설 때마다 부끄러움을 감출 수가 없었다. 사실 조만식은 오 산학교에서 10년 가까이 일해 왔지만 그때까지 단 한 푼의 보수도 받은 적이 없었다. 그런데 자신은 겨우 서너 달 월급이 밀렸을 뿐인 데 수업 거부라는 극단적인 행동까지 했으니, 얼굴을 들 수 없는 것 은 당연한 일이었다.

그 후 오산학교는 동맹 휴학이라는 홍역을 치러야 했다. 일제는 사립학교도 인가를 받아야 정규 학교로 승격된다는 교육제도를 발 표하였다. 또한 오산학교는 정규 학교 체제를 갖추었다 해도 조만식 이 교장으로 있는 한 절대로 인가해주지 않겠다고 했다. 일제에게 조만식은 눈에 가시 같은 존재였다. 그들은 이 기회에 조만식을 쫓 아내고 싶었던 것이다.

이 일로 오산학교 학생 700여 명이 동맹 휴학을 했으나 일본 정부 는 꿈쩍도 하지 않았다. 결국 조만식은 1년을 넘기지 못하고 학교를 위해 1926년 봄, 숭인학교로 자리를 옮길 수밖에 없었다.

산정현교회 장로가 되다

3·1운동 이후 일제가 무단정치에서
문화정치로 통치 방법을 바꾼 후, 우리나라에서는 각종 청년회 활동
이 활기를 띠게 되었다. 이때부터 10년 동안 민족의식을 높일 신문
화운동이 일어나 발전했다. 그 중심에는 청년회 활동이 있었다.

이 시기의 청년회 활동은 민족에 대한 뜨거운 열정을 쏟아내는 장
이었다. 그들의 활동은 억눌렸던 반일 감정과 민족애로 뜨거웠다.
이 시기에는 일반 청년회 활동도 두드러졌지만 기독교, 가톨릭, 불
교, 천도교 등 각종 종교단체가 조직한 청년회 활동이 더욱 적극적
이었다. 그중에서도 기독교청년회 활동이 가장 활기 있었다. 왜냐하
면 기독교 정신이 다른 어느 종교보다도 두드러지게 민족의식을 강
조하면서 모든 운동을 주도해나갔기 때문이다.

기독교는 먼저 장로교에서 '면려청년회'를 조직하였고, 감리교에

서는 '엡워드 청년회'를 조직하였다. 그러나 오래지 않아서 그들은 기독교청년회 산하에서 행동을 통일했다. 이런 청년회 활동 가운데서 가장 두드러진 성과는 교육 부문이다. 이들은 민족 부흥의 기틀을 마련하기 위해 교육에 힘썼다. 그래서 청년회 활동이 미치는 곳마다 야학운동이 일어났다. 그리고 백성들의 배움에 대한 열망 역시 가득했다.

사실 그 이전만 해도 대부분의 사람들은 학교교육을 두고 식민지교육이라고 하여 학교에 입학하는 것을 꺼렸다. 그래서 일제가 강제로 입학생을 동원하는 일까지 있었다. 이런 상황 아래서 청년회들이 신문화운동을 표방하며 전국 각지에 크고 작은 민간 사립학교와 강습소 설립 운동을 활발하게 펼쳐나갔다.

한편 전국으로 뻗어나간 청년회 활동은 향토개발사업도 다양하게 추진했다. 예컨대 지방에서 시국강연회나 토론회를 열었으며, 수해 구제책, 가뭄 대비책도 논의하였다. 지방 청년회가 강연회를 열면 으레 중앙인사들이 초청되어 갔다. 그 당시 초청을 받아 강연한 명사들은 주로 장덕수, 이돈화, 김홍식, 이상재, 윤치호, 신흥우, 현상윤 등이었다. 또 지방 출신들로서는 형기를 마친 이승훈, 양전백, 길선주 등이 있다.

조만식도 1921년부터 1932년까지 기독교청년회 총무직을 수행하면서 여러 업적들을 이루어갔다. 평양을 중심한 관서지방의 청년회 활동은 처음부터 고당 조만식 선생의 독무대였다. 이 지방에서 그의 지도력은 그만큼 막강했던 것이다.

그는 강연회 초청을 받으면 어디든 마다않고 달려갔다. 그는 연단에 설 때마다 불을 토하듯 열변을 터뜨렸다.

'나라를 살려야 우리가 살고, 내가 살 수 있다.'

'하나님을 신뢰하는 길만이 우리 겨레가 일어날 수 있는 길이다.'

'우리는 나를 희생하고 남을 살리는 정신을 가져야 한다.'

'기회는 두 번 다시 오지 않는다. 절대로 기회를 놓치지 말자.'

'이 나라의 기둥인 청년이 살아 있어야 한다. 젊은이가 없으면 그 어디에서도 우리는 희망을 볼 수 없다.'

조만식의 강연 요지는 늘 이러했다. 신앙과 애국심에서 나오는 그의 연설은 힘이 있었고, 확신에 차 있었다. 검소한 외모에서 풍기는 그의 인간적인 면모는 참석한 사람들에게 공감대를 형성하고 연설에 힘을 실어주었다.

그는 언제나 탕건을 받쳐 갓을 썼고, 무릎까지 닿는 무명 두루마기를 입었으며, 허술한 갖신을 신고 연단에 올라 열변을 토했다. 그러다가 물산장려운동을 일으키면서 갓은 말총모자로 바꾸고 갖신은 단화로 바꾸었다. 그는 키가 작았으나 몸 전체가 단단하게 보였고, 얼굴빛은 언제나 희고 청렴했다. 열띤 웅변 사이사이 유머를 섞어 청중의 마음을 사로잡아, 사람들은 시간가는 줄 모르고 그의 연설을 들었다.

강연회나 사람들이 모인 자리엔 반드시 칼을 옆구리에 찬 정복 차림의 경찰들이 연단 좌우에 버티고 서 있었다. 강연 도중에 연사의 입에서 불온하다고 판단되는 말이 나오면 입회한 경찰관은 즉시 "연설 주의!" 하고 외쳤고, 그래도 듣지 않고 거슬리는 말이 계속되면 "연설 중지!"라고 외쳤다. 또 때로는 강연 내용이 완전히 불순한 것이라고 판정되면 연설 금지에만 그치지 않고 '보안법 위반'이라는 죄목을 걸어 기소했다.

하지만 조만식은 묘하게 말을 이리저리 돌려 단속의 그물 위에서 아슬아슬하게 곡예를 펼쳤다. 위기의 순간에 오히려 경찰관들의 입에서 웃음이 나오도록 하여 위험한 순간을 모면하기도 했다.

⁓

조만식은 이처럼 기독교청년회 활동을 통해서도 큰 공훈을 남겼지만, 무엇보다도 그의 일생을 돋보이게 만든 것은 평양 산정현교회의 장로가 되어 몸소 하나님과 성도를 섬긴 것이었다.

그는 물산장려운동을 펴기 시작한 이듬해인 1923년에 산정현교회의 장로가 되었다. 이때 그의 나이 마흔한 살이었다. 벌써 오윤선, 김동원, 유계준 등 쟁쟁한 이들이 이 교회에서 장로가 되어 일하고 있었다.

오윤선과 김동원은 조만식과 막역한 사이여서 한 교회에서 마음을 같이하여 주의 일에 힘썼다. 이때부터 사람들은 오윤선, 김동원, 조만식 이 세 사람을 가리켜 '산정현교회 삼장로'라고 부르기 시작했고, 이들 세 사람은 비단 교회 안에서만 아니라 사회에서도 존경의 대상이 되었다.

조만식은 누가 보아도 철저한 복음주의 신앙을 가진 기독교인이었다. 그는 신앙생활에 있어서도 형식적인 요소보다는 내적인 기도생활과 말씀 공부에 힘쓰고 실천하는 모범적인 종교인이었다.

우리나라의 교회는 초창기부터 민족운동과 긴밀하게 연결되어 있었다. 특히 구한국 말기에 들어온 기독교는 신문화운동의 선구적인 역할을 하기도 했다. 한편 당시 교회들은 외국에서 들어온 선교사들의 영향 아래서 전도 활동을 하고 있었기 때문에 치외법권지대가 되기도 했다.

그래서 그때 교회는 민족운동을 주도하던 신앙인 지도자들에게 안전한 활동무대가 되었다. 이런 시대적 배경은 조만식의 비단 사회활동 분야에서만 아니라 교회 안에서의 활동 입지까지도 든든하게 만들어주었다. 그래서 그는 교회와 사회 속에서 일반 대중의 가슴에 복음과 애국정신을 심어줄 수 있었다.

조만식은 '순교자 주기철 목사'가 자기 밑에서 공부한 것을 자랑스럽게 여겼다. 주기철 목사는 오산학교에서 공부하면서 조만식에게 굳은 신앙심과 강직한 정신을 이어받았다. 그래서 주기철 목사에게는 조만식의 정신이 그대로 살아있다 말해도 과언이 아니다.

그러다가 두 사람은 다시 교회에서 만나게 되었다. 주기철 목사가 평양 산정현교회에 부임해 오자, 제자는 목사가 되고 스승은 장로가 되어 함께 일하게 된 것이다. 이때가 1936년 여름이었다.

산정현교회는 그곳에 자유신학 사상을 심으려던 담임목사 문제로 한동안 몸살을 앓았다. 결국 목사가 사임하자 장로들은 새로운 목사의 청빙 문제를 놓고 고심하였다.

"그렇다면 이젠 어떤 목사님을 모셔와야 할까요?"

"중요한 문제이니 신중을 기해야 합니다."

"그러게요. 복음적인 건실한 목사님을 청빙해야 할텐데, 걱정입니다.”

이때 조만식이 입을 열었다.

“꼭 모시고 싶은 분이 한 사람 있습니다.”

“누군가요?”

“현재 마산 문창교회에서 일하고 있는 주기철 목사님이 가장 적합한 인물인 것 같습니다.”

“주기철 목사님라고요?”

“예.”

“왜 그 목사님을 생각하셨지요?”

“주 목사님은 오산학교 당시에 내가 가장 아끼던 제자 가운데 한 사람입니다. 하지만 그가 나의 제자였다는 단순한 이유로 그를 추천하는 것은 절대 아닙니다.”

장로들은 조만식의 말에 귀를 기울였다.

“그는 아주 건전한 복음주의적인 신앙을 가지고 있습니다. 그리고 지금 일제가 신사참배를 강요하며 교회를 압박하고 있는데, 이런 큰 어려움 속에서 우리 산정현교회를 잘 지키고 싸울 수 있는 사람은 그 사람밖에 없다는 생각이 듭니다.”

“음, 그렇군요.”

“지난 3·1운동 때, 그는 비록 어린 나이였지만 창원지방을 중심으로 큰 활동을 벌이기도 했습니다. 주기철 목사는 지도력이 뛰어나고 민족정신 또한 투철한 분입니다.”

조만식의 말을 듣고 있던 김동원 장로가 무릎을 쳤다.

“그렇다면 좋습니다. 조 장로님, 내일이라도 당장 저와 함께 마산

으로 내려갑시다."

그러자 다른 제직들도 일제히 동의하였다.

"그럼, 주기철 목사님으로 결정하지요."

이렇게 하여 주기철 목사는 산정현교회에 부임하게 되었고, 스승 조만식과 함께 역량을 발휘하게 되었다. 그 후 주기철 목사는 일제의 신사참배 강요에 맞서 싸우다가 결국 옥중에서 순교하고 말았다. 이런 주기철 목사의 순교는 어떻게 보면 조만식의 숭고한 정신이 산화된 모습이라 할 수 있다. 고당의 활동과 정신은 많은 사람들에게 이어져 빛나는 업적을 세운 것이다.

공회당과 도서관 건립

조만식은 크고 작은 여러 일들을 관여했는데 평양에 '백선행기념관'이라는 공회당을 세웠고, '인정도서관'을 건립했다. 그리고 '평양고아원'을 맡아 돌보기도 했다.

조만식이 활동을 시작하던 당시 평양 인구는 약 4만 명쯤이었는데, 그중 일본인들은 약 2천 명 정도였다. 그런데 그 후 인구가 늘어나 평양 인구가 20만 명 정도가 되었을 때에는 일본인도 1만 명 정도 늘어났다.

사실 평양에서 살고 있는 일본인들은 한국인의 20분의 1밖에 안 되었는데도 불구하고 훌륭한 문화시설을 갖춰놓고 편리하게 이용했다. 그에 반해 한국인은 그런 문화시설을 전혀 이용할 수 없었다. 식민지 국민의 서러움이었다. 그중 무엇보다도 아쉬웠던 것은, 여러 사람들이 모여 집회를 가질 만한 공회당 건물이 없다는 것이었다.

그래서 큰 규모의 문화적인 활동이나 강연회를 여는데 어려움을 겪었다.

"평양이라는 이런 큰 도시에 우리가 집회를 열 장소 하나 없다니…."

큰 행사를 치를 때면 모두들 안타까워했다. 조만식 역시 이 문제를 늘 아쉬워했다.

평양에는 백선행이라는 부자가 있었다. 환갑에 접어든 과부였는데, 어느 날 이 백선행이 조만식의 집을 찾아왔다.

"조만식 선생님 계십니까?"

"제가 조만식입니다만, 누구십니까?"

"저는 백선행이라고 합니다."

"예. 어서 오십시오."

"선생님의 훌륭한 행적을 듣고 있기에 한번 찾아뵙고 싶었는데 이렇게 늦었습니다."

"아닙니다. 과찬의 말씀입니다."

조만식은 백선행을 정중하게 맞이했다. 그러나 그녀가 왜 왔는지는 알 수가 없었다.

"그런데 무슨 일로 이렇게 저를 찾아오셨습니까?"

잠시 말이 없던 백선행은 조용히 입을 열었다.

"사실은 조 선생님과 의논하고 싶은 게 있어서 왔습니다."

"무엇을 이야기하고 싶은지요?"

"지금 제가 가지고 있는 재산이 좀 있는데…."

"그런데요?"

"제가 재산을 많이 가지고 있기는 하지만 그대로 놔둔다면 무슨 소용이 있습니까? 좋은 일에 쓰고 싶은데 어떻게 하는 게 좋을지 떠오르지 않더군요. 그래서 선생님께 의논하고자 찾아왔습니다."

"알겠습니다."

"그러니 조 선생님께서 좋은 생각을 말씀해주세요."

"저에게 그런 일을 의논해주시니 영광입니다. 백 여사님이 이렇게 훌륭한 생각을 하고 계신지 몰랐습니다. 백 여사님의 결정에 존경을 표합니다."

"아닙니다. 나라를 위해 목숨을 걸고 싸우는 분들도 계신데, 부족한 제가 뭐 한 일이 있다고…. 이제 살 날이 얼마 남지 않았다 생각하니 모든 게 허망하다는 생각도 들고, 죽기 전에 한 가지라도 보람된 일을 해보자는 생각이 들었을 뿐입니다. 조 선생님만큼 훌륭한 분이 아니시라면 이런 일을 누구와 의논할 수 있겠어요."

"어쨌든 감사합니다. 이런 중대한 일을 저 혼자 결정할 게 아니라 주위의 뜻있는 사람들과 상의해보는 게 낫겠군요. 다시 연락드리겠습니다."

～

백선행은 1862년 평양 근교, 가난한 농촌에서 태어났다. 가난한 어린 시절을 보내고 열여섯 살에 평양으로 시집을 왔는데, 그만 열아홉 살 때 남편을 잃고 청상과부가 되었다. 그래서 그녀는 슬하에 자식 하나 없이 젊은 나이에 외로움과 가난에 시달리며 살아야 했다. 그녀는 먹고 살기 위해 밤낮으로 일을 했다. 삯바느질, 품팔이, 콩나물 장수, 식모, 돼지치기, 닭기르기 등 할 수 있는 일은 가리지 않고 무엇이든 열심히 했다.

그렇게 고생하며 10여 년을 모은 돈으로 그녀는 평양 근교에 조그만 땅을 사고, 그것을 밑천으로 재산을 불리기 시작했다. 그녀의 재산은 계속 불어나 나이 50세 정도가 되었을 때는 '부자 과부 백선행'이라고 세간에 소문이 날 정도가 되었다. 그녀가 이런 어마어마한 부자가 된 데에는 사연이 있었다.

어느 날 토지 중개인 한 사람이 백선행을 찾아왔다. 그는 어떻게 하면 과부의 재산을 가로챌 수 있을까 오래 전부터 궁리하던 사람이었다.

"백 여사님 계신가요?"

"아니, 어쩐 일로 이 시간에 여길 왔습니까?"

"아주 좋은 물건이 하나 생겨서 왔습니다."

"좋은 물건이라뇨? 그게 뭔데요?"

이때 중개인은 그녀의 귀에다 입을 갖다대고서 낮은 소리로 소곤댔다.

"누가 들을까 싶군요."

"듣긴요, 어서 말씀해보세요."

"엊그제 평양 교외에 있는 만달산 주인이 산을 팔겠다고 내놓았습니다."

"그런데요?"

"값이 워낙 싸게 나왔으니 우선 부인께서 사두셨으면 합니다. 산이 커서 사람들이 감히 살 엄두를 낼 수가 없어서 주인이 싸게 내놓은 것이지, 위치도 좋고 땅도 기름져서 후회하지 않으실 겁니다.”

“그걸 사서 뭘 하죠?”

“뭘 하다니요? 그 산은 사놓기만 하면 그냥 돈덩어리입니다. 얼마나 좋은 땅이면 아무한테도 말하지 않고 먼저 백 여사님을 찾아왔겠습니까.”

“권해볼 만한 다른 사람이 없나요?”

“딴 곳은 몰라도 현재 우리 평양 안에서는 그만한 땅을 살 수 있는 사람은 백 여사님밖에 없습니다. 좋은 기회이니 사두면 후회하지 않으실 겁니다.”

백선행은 그렇잖아도 가지고 있는 돈을 어떻게 유용하게 쓸까 고민하던 터였기에 이튿날 곧바로 산 주인을 만나 계약서를 쓰고 산을 샀다. 그 과정에서 토지 중개인은 중간에 많은 돈을 갈취하였다.

백선행은 모든 거래를 마친 후 산을 둘러보았다. 만달산은 평양에서 동쪽으로 약 50리쯤 떨어져 있는 승호리라는 마을 뒤에 위치해 있었다. 그런데 직접 가서 두루 살펴보니 이 산은 풀 한 포기, 나무 한 그루조차 제대로 자라지 않는 형편없는 불모지였다. 백선행은 완전히 사기를 당한 것이다. 그녀는 산을 확인도 해보지 않은 채 중개상의 말만 믿고 그런 실수를 했다.

‘아니, 세상에! 완전히 속았군. 나쁜 사람들 같으니라고.’

하지만 계약이 이미 다 끝나버려서 손을 쓸 수가 없었다. 그래서 그녀는 이 산을 사 놓고 어쩔 수 없이 수년간 그대로 묵혀 두었다. 백선행은 사기 당한 만달산을 생각할 때마다 속이 쓰렸다.

몇 해 후, 뜻밖에 그 산을 사겠다는 사람이 나타났다. 한 일본인이 토지 중개인을 데리고 그녀를 찾아왔다.

"여기가 만달산 주인 댁입니까?"

"그렇습니다만 무슨 일로 찾아오셨나요?"

"오, 바로 만났군요. 다름이 아니라 혹시 그 산을 팔 생각이 없나 해서요."

"산을 팔 생각이 있냐고요?"

"네, 제가 그 산을 꼭 사고 싶습니다."

백선행으로서는 여간 반가운 말이 아닐 수 없었다. 그녀는 사기 당했던 산을 다시 팔 기회를 얻자 바짝 긴장을 하고 물었다.

"그럼 한 평에 얼마씩 주시겠습니까?"

"좋은 지대라고 여겨지는 곳은 평당 40전, 나머지 땅은 평당 8전을 드리겠습니다."

백선행은 깜짝 놀랐다. 몇 년 전에 이 산을 살 때엔 평당 2전씩 주었는데, 그들은 평당 가격을 네 배에서 스무 배가 넘게 치르겠다는 것이었다. 그녀는 도저히 믿기지 않아서 한동안 멍하니 서있다가 물었다.

"그게 정말입니까?"

"그럼요. 그런데 조건이 한 가지 있습니다."

"조건이라뇨?"

"일단 매매 계약이 끝나면 절대로 뒷말이 없어야 한다는 것입니다."

이건 도리어 그녀 편에서 내걸고 싶은 조건이었다.

"알겠습니다. 산을 팔지요."

이렇게 하여 백선행은 하루아침에 엄청난 거부가 되었다. 나중에 알았지만 만달산의 대부분에는 시멘트의 원료가 되는 석회석이 묻혀 있었다. 사연이 어찌되었든, 그 산은 백선행에게 커다란 행운을 가져다주었다.

한편 조만식은 백선행이 다녀간 후 그녀의 생각을 여러 사람들과 논의했다.

"마침내 기회가 왔군요."

"하나님께서 주신 기회라 생각합니다."

"희사금*이 나오면 그걸로 우리 평양 한복판에다 공회당을 지읍시다. 우리 민족을 위해서."

조만식은 여러 사람들의 뜻을 백선행에게 전달했다.

"여사님, 우리 평양에는 공회당이 없습니다."

"공회당이요?"

"네, 모두가 모일 만한 장소 말이지요. 그러다보니 강연회나 집회를 열 때 어려움이 많았습니다. 공회당을 지어놓으면 국민을 위한 교육·문화 사업도 안정적으로 할 수 있을 것입니다."

"참으로 좋은 생각입니다. 제 돈이 이런 좋은 데 쓰인다니 저로서도 감격스럽습니다."

백선행은 즉시 20만 원이라는 거금을 내놓았다.

★ 희사금 어떤 목적을 위하여 기꺼이 내놓은 돈

조만식은 다시 지역 유지들, 곧 산정현교회의 장로인 김동원과 오윤선, 숭인상업학교 교장인 김항복과 최경렴을 불렀다. 최경렴은 백선행을 대신하여 그 집안 모든 일을 처리하던 사람이었다. 이들은 건립할 공회당 명칭을 '백선행기념관'으로 정하고, 공회당 건립을 위한 재단법인을 만들었다. 이사장은 백선행으로 결정했고, 조만식을 비롯한 유지들은 이사진이 되었다.

이 공회당은 평양에서도 가장 중심지인 대동문 곁에 있는 500평의 대지에 지어졌다. 1926년에 건물이 완공되자 그 건물은 평양 안에서 손꼽히는 명물이 되었다. 평양에서는 가장 먼저 세워진 대규모의 석조 건물이었기 때문이었다. 이때부터 이 공회당은 민족운동을 위한 여론 광장의 역할을 하였다.

백선행은 남은 사재도 털어 교육 사업에 헌신했다. 그리고 이 모든 일은 조만식의 주선 아래 이루어졌다.

그 후 세워진 '인정도서관'도 이와 비슷한 경로를 건립되었다. 백선행기념관이 세워지고 나서 5년이 지난 후, 1931년 한 여인이 조만식을 찾아왔다.

"여기가 조만식 선생님 댁입니까?"

"예, 제가 조만식인데 어떻게 오셨습니까?"

"저는 이곳 평양에 살고 있는 김인정이라고 합니다."

"아, 그래요? 그런데 무슨 일로 오셨습니까?"

조만식은 자리를 잡고 물었다.

"진작 선생님처럼 훌륭하신 분을 찾아뵙지 못해서 죄송합니다."

"별 말씀을 다하십니다…."

"사실은 선생님께 의논드릴 일이 있어서 이렇게 왔습니다."

"어떤 일입니까?"

"몇 년 전에 백선행 여사께서 큰돈을 희사하셔서 평양 중심지에다 공회당을 세운 일을 보고 감동했을 뿐만 아니라 느낀 점도 많았습니다."

"예."

"그 일이 있은 후 저도 남을 도울 수 있는 일을 해야겠다는 생각을 계속 했습니다. 비록 많은 돈은 아니지만 제가 가진 돈도 유용한 곳에 쓰일 수 있도록 도와주십시오."

"정말 훌륭한 생각입니다."

"제가 가진 재산이 많지는 않지만 10만 원 정도는 내놓을 수 있습니다."

"부인, 감사합니다. 정말 대단한 결심을 하셨습니다. 부인의 뜻을 받들어 좋은 계획을 짜보겠습니다."

"감사합니다. 잘 부탁드리겠습니다."

조만식은 김인정의 훌륭한 생각에 박수를 보내고 싶었다.

김인정 역시 백선행처럼 어린 시절이 매우 불우하였다. 어려서 부모님을 잃고 혼자 힘으로 살아야 했다. 어른이 된 후 구한국군의 군인과 결혼했지만 김인정 역시 백선행처럼 남편이 일찍 세상을 뜨고 말았다. 하지만 영민하고 이재에 밝았던 그녀는 곧 많은 돈을 모았다.

많은 돈을 모았지만 그녀 역시 혈육이 없어 고독하고 적막한 세월을 보냈다. 절에 다니면서 불공을 드리며 공허한 마음을 달랬다. 그러던 중 백선행이 거금을 희사해 공회당을 짓는 것을 보고 자신도 사회에 공헌하는 일을 해야겠다고 결심한 것이다.

김인정이 다녀간 후 조만식은 오윤선, 김동원 장로와 의논하였다.

"며칠 전, 김인정이라는 분이 나를 찾아와 공익사업에 써달라며 10만 원을 내놓겠다고 했습니다."

"10만 원이면 엄청난 금액인데요."

"그래서 이 돈을 가지고 무엇을 하면 좋을까 의논하려고 자리를 마련했습니다."

처음에는 산아원*을 세우면 좋겠다는 의견이 나왔다. 그러다가 세 사람은 이런저런 생각을 나눈 끝에 도서관을 세우는 것이 가장 바람직하다고 결론을 내렸다.

"이곳 평양에 우리 한국인이 이용할 수 있는 도서관을 하나 세운다면 매우 보람된 일일 것 같습니다."

"좋습니다. 그럼 그 돈으로 도서관을 짓기로 합시다."

김인정은 도서관을 짓자는 의견에 아주 만족했다. 그러고는 약속대로 거금 10만 원을 흔쾌히 내놓았다. 10만 원은 도서관을 짓는데 충분한 돈이었다.

도서관은 3층 벽돌집으로 세워졌다. 본관 500평방미터와 별관

★ 산아원 오늘날의 산부인과

600평방미터 규모의 건물이었다. 본관은 열람실과 사무실로 사용되었지만 별관은 집회용 강당으로 쓸 수 있도록 만들었다. 도서관 이름은 김인정의 이름을 따서 '인정도서관'이라고 지었다. 이 도서관은 여성에 의해 건립된 우리나라 최초의 사립도서관이다.

인정도서관은 쉬는 날 없이 개관되었다. 열람실은 언제나 학생들과 청년들로 가득 차 빈자리가 없었다. 조만식은 이 도서관이 민족문화센터로 자리매김하도록 노력했다. 그래서 그는 더 많은 장서를 갖추기 위해 고심했다. 우리나라 고문서의 진본을 수집하려고 최선의 노력을 다했고, 윤주형을 일본에 보내 필요한 도서 2만여 권을 구해오도록 했다.

이 도서관에서 오랫동안 재단 상무직을 맡았던 오경숙은 훗날 이렇게 회상했다.

물론 건물을 짓는 비용은 제 이모인 김인정 씨가 충당했지만 그것을 세운 정신적인 힘은 순전히 고당 조만식 선생에게서 나온 것이었습니다. 말하자면 '백선행기념관'이 그랬듯이 '인정도서관' 역시 고당의 정신이 그대로 형상화된 것이었지요.

이 도서관이 세워지자 책을 읽으려는 사람들의 발길이 끊이지 않았습니다. 우리나라 고전들까지 두루 갖추어져 있어서 읽을거리가 많았기 때문이죠. 또 이 도서관은 민족운동에 가담한 이들의 은밀한 모임 장소로 사용되기도 했습니다. 그래서 늘 일본 경찰들의 날카로운 감시를 받아야 했어요.

어쨌든 나는 이 도서관 일 때문에 고당 선생과 자주 교류하게 되었

습니다. 그 모든 일은 정말 제 일생에 있어서 매우 보람찬 일이 아
닐 수 없었지요.

좌절된 민립대학의 꿈

　　　　　　　　　　　　한편 고당 조만식 선생은
'평양고아원' 일에도 직접 관여하여 재단법인 설립에 결정적인 역
할을 하였다. 당시 평양고아원은 조선인이 세우고 조선인이 운영하
는 유일한 사회 사업체였다. 조만식은 이 일에도 관여하여 고아원이
확고히 자리잡고 운영될 수 있게 도왔다.

　이 고아원이 설립되는 과정에도 감동적인 이야기들이 있다.

　3·1운동 당시의 일이었다. 양철공단 직공으로 일하다 시위대에
앞장선 김병선이라는 청년이 경찰에게 잡혀가 혹독한 고문을 당했
다. 그는 일본 경찰에게 목숨만 겨우 붙어 있을 만큼 맞고, 거리에
내던져졌다.

　마침 시민들 몇 사람이 그를 발견하고 평양의 유지들에게 알렸고,
그들은 즉시 그를 기독교 기관에서 경영하던 기홀병원에 입원시켰

다. 생명이 위태롭던 김병선은 극적으로 살아났다. 그는 생명을 건진 후에도 타박상이 심해 계속 치료를 받아야 했다.

그때 그 병원에 위급한 환자가 들어왔다. 교통사고로 중상을 입은 소년이었는데 출혈이 심하여 목숨이 위태로웠다.

"피를 너무 많이 흘렸는걸."

"수혈하지 않으면 목숨을 건질 수 없겠어."

"당장 수술을 해도 살까말까한데 피가 모자라니 어떻게 한담."

수술을 할 만큼의 피를 구하지 못한 의료진들은 난감해했다. 자신의 피를 헌혈해주겠다는 사람을 급히 찾는 일이 쉽지 않았다. 바로 그때 치료를 받던 김병선이 의사를 불렀다.

"의사 선생님."

"왜 그러십니까?"

"저 소년을 살려내야 하지 않습니까?"

"그래야지요. 하지만 피를 구할 길이 없으니…."

"지금 당장 제 피를 검사해서 저 아이에게 수혈이 가능하다면 제 피를 뽑아 주십시오. 저 소년이 그냥 죽는 것을 보고만 있을 수는 없습니다."

의사는 그 말을 듣고 깜짝 놀랐다. 초죽음 상태에서 가까스로 살아난 환자의 입에서 나온 그 말은 자신을 희생하겠다는 말과도 같은 것이기 때문이다.

"그게 무슨 소립니까?"

"제 피를 가지고 저 소년을 살려 달라 그 말입니다."

"젊은이도 알다시피 젊은이 몸은 지금 극도로 쇠약한 상태입니다. 그런데 그 상태에서 피를 뽑는 건 위험한 일이에요."

"제 피를 다 뽑는 것도 아닌데 그게 무슨 큰일이겠습니까! 우리 주님은 저를 대신해서 죽기까지 하셨는데요."

"젊은이는 기독교인이군요?"

"그렇습니다. 그래서 저도 이런 기회에 조금이라도 그리스도의 사랑을 실천해보고 싶습니다."

"뜻은 좋지만 그래도 안 돼요. 젊은이의 몸은 아주 쇠약한 상태입니다. 그러니 뜻은 정말 고맙지만 그렇게 할 수 없습니다."

"선생님, 제 생명이 위험하지 않은 정도에서 하면 되지 않습니까. 그러니 제 요청을 물리치지 말아주십시오."

"생명이 위태로운데도 말입니까?"

"우리 하나님께서 제 생명을 보전해주실 것입니다. 그러니 조금도 염려하지 마십시오."

의사는 마지못해 혈액형을 검사했다. 김병선과 소년의 혈액형은 같았다.

"하늘이 도우셨는지 혈액형이 서로 같군요."

"정말 감사한 일입니다. 자, 어서!"

"마지막으로 한번만 더 생각해보세요. 남의 생명도 귀중하지만 자기 생명보다 더 중요하진 않으니까요."

"아닙니다. 제가 이렇게 살아난 것도 다 많은 분들의 도움 덕분입니다. 그런 고마운 뜻에 보답하는 의미로라도 이제는 제가 남을 살려야 하지 않겠습니까!"

그래도 의사는 머뭇거렸다.

"저는 목숨을 걸고 시위에 참여했습니다. 그러니까 제 몸은 이미 죽은 것과 마찬가지입니다. 지금 제가 살아 있는 것은 덤으로 얻은 목숨입니다. 그런데 제가 무엇을 주저하겠습니까. 설사 피를 뽑은 후 제가 죽는다 하더라도 저는 결코 후회하지 않을 것입니다. 그러니 더 이상 지체하지 마십시오."

김병선은 간곡히 호소했다. 의사는 김병선의 말을 듣지 않을 수 없었다. 김병선에게서 채혈해서 소년에게 수혈을 해서 위기를 넘길 수 있었다. 많은 피를 뽑았음에도 불구하고 김병선에게 위험한 일은 일어나지 않았다.

민족지 동아일보는 이 감동적인 이야기를 처음부터 대대적으로 보도했다. 그런 수혈 미담이 보도되자 그때까지도 기홀병원에서 치료 중이던 김병선에게 여기저기서 많은 성금을 보내왔다. 이렇게 모인 성금 액수는 상당했다.

'이만한 돈이면 나도 부자가 되겠지. 하지만 이 돈을 나 개인의 유익을 위해 쓸 수 없어. 한 푼도 허비하지 않고 사회사업을 위해서 사용해야 보내주신 분들의 아름다운 마음이 결실을 맺게 되겠지.'

어떤 일이 좋을지 고민하던 김병선은 고아원을 설립해야겠다고 생각했다. 그 자신이 고아로 자라서 고아들의 애처로운 심정을 누구보다도 잘 알고 있었기 때문이다. 김병선은 퇴원한 후 고아들을 수용할 만한 거처를 마련했다. 그리고 불쌍한 고아들을 데려다 함께 생활했는데, 이것이 바로 '평양고아원'의 시작이었다.

이런 뜻깊은 소식이 전해지자 당시 평양에서 커다란 악기 가게를 운영하던 부인이 이 고아원을 적극 돕고 나섰다. 여류사업가이던 이 부인은 이후 평양고아원 발전에 큰 도움을 주었다.

조만식이 이 고아원과 인연을 맺은 것은 1930년부터였다. 그 당시 평양의 유지들이 고아원도 재단법인을 설립해야만 튼튼히 경영될 수 있다는 의견을 내놓았기 때문에 조만식이 나서게 된 것이다. 조만식과 함께 영명사의 주지 윤주일도 이 일을 적극 추진했다.

평양고아원이 재단법인 인가를 받자 승려 윤주일은 조만식에게 고아원을 맡아줄 것을 요청했다.

"고당 선생께서 이 고아원 책임을 맡아주십시오."

그러자 조만식은 극구 사양했다.

"이제 내 일은 여기서 끝내기로 하겠습니다. 그러니 당신이 모든 것을 맡아주십시오. 난 이 일 말고도 해야 할 일이 너무나 많습니다."

결국 평양고아원은 전적으로 윤주일이 떠맡게 되었다.

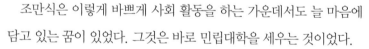

조만식은 이렇게 바쁘게 사회 활동을 하는 가운데서도 늘 마음에 담고 있는 꿈이 있었다. 그것은 바로 민립대학을 세우는 것이었다.

신문화운동이 열기를 띨 때, 많은 애국지사들 사이에서 우리 겨레의 교육을 담당할 민립대학을 세워야 한다는 생각이 퍼졌다. 그런 생각들이 모여 마침내 1922년 11월, 조선교육협회 산하 '조선민립대학설립기성준비회'가 결성됐다.

조만식이 일으킨 물산장려운동과 함께 민립대학설립추진운동은 당시 동아일보의 사장인 고하 송진우의 적극적인 뒷받침에 힘입어 전국 방방곡곡에 널리 알려졌다. 각계각층의 반응은 모두 긍정적이었다. 당시 민족 대표 33인 중에 세상을 떠난 사람은 손병희 한 사람뿐이었는데, 그를 제외한 나머지 인사들이 민립대학설립준비회에 참여하여 더욱 활기를 띠었다.

이듬해인 1923년 3월, 민립대학준비회의 활동이 본궤도에 올랐다. 이상재를 비롯하여 송진우, 현상윤 등 중앙집행위원들은 제1차 목표로서 1천만 원 모금운동에 나섰다. 〈동아일보〉는 성금 모금을 호소하는 가장 유력한 기구로 참여했다. 당시 우리 민족의 대변지 역할을 하고 있었기 때문에 그만큼 호소력이 강했다. 〈동아일보〉는 여러 차례 다음과 같은 호소문을 실었다.

> 우리 민족이 식민지 백성으로 전락하여 이같이 처참한 오욕을 당하고 있는 것은, 따지고보면 그만큼 교육에 눈을 뜨지 못했기 때문입니다. 그래서 우리는 겨레의 이름을 걸고 민립대학 설립에 나서기로 했습니다.
> 현재 우리 겨레의 총인구는 2천 5백만 명에 이르고 있습니다. 그러므로 1인당 50전씩만 성금하면 목표 금액 1천만 원을 쉽게 모을 수 있는 것입니다. 여러분의 절대적인 성원을 바랍니다.

〈동아일보〉는 날마다 성금이 모이는 여러 가지 미담과 집계 액수를 발표하여 국민들의 관심을 모았다. 그리고 준비회 본부와 각 지방 지부의 임원들은 각처로 다니며 순회강연회를 개최하였다.

이때 조만식은 중앙위원의 한 사람으로 크게 활동했을 뿐만 아니라 관서지방 일대의 책임자로서 활동했다. 민립대학설립운동은 표면상으로 보면 교육운동이었지만 그 동기와 목적은 민족운동에 있었기 때문에, 그만큼 분투하지 않을 수 없었다.

1924년 5월에 남강 이승훈이 동아일보사 사장에 추대된 후 이 운동은 더욱 활기를 띠었다. 그리고 이승훈은 선두에 나서서 민립대학설립운동을 총지휘하기도 했다. 민립대학설립운동은 성금을 모으는 일을 계기로 민중들의 민족의식을 크게 각성시켰고, 민족을 단결시키는 놀라운 성과를 거두었다.

그러나 민립대학 설립은 결국 날개도 펴보지 못한 채 좌절되고 말았다. 일제는 이 운동이 단순한 대학 설립운동이 아니라 조선인들의 또 하나의 민족운동이라는 것을 간파하고 온갖 방해공작을 펴기 시작했다. 일제는 조선인들이 단결하는 것도 무서웠고, 3·1운동 당시 민족 대표 모두가 이 운동에 모여 있는 것도 눈에 거슬렸다.

조선총독부는 가장 먼저 조선인들이 추진하고 있는 민립대학 설립은 절대로 허가하지 않겠다고 선언했다. 그리고 각 지방에 이르기까지 성금이 모이는 통로를 철저하게 차단시켰다. 조선총독부는 이 운동에 결정적인 제동을 걸기 위해 서둘러 관립대학인 '경성제국대학'을 설립하였다. 서울대학교 전신인 경성제국대학의 설립으로 민립대학의 꿈은 산산이 부서지고 말았다.

그런 좌절을 겪자 고당 조만식은 교육에 더욱 애착이 강해졌다. 1926년 봄에 오산학교를 떠나 숭인학교로 옮겨서 교육계에 몸담고 있기까지 조만식의 활동은 일본과의 대결의 연속이었다.

조만식은 선교사 마포삼열 목사의 초빙으로 평양 숭인학교로 자리를 옮겼다. 사실 학교만 옮겼을 뿐이지 조만식에게는 오산학교 생활의 연장과도 같았다.

그는 숭인학교로 옮긴 후 곧 교장으로 추대되었다. 그러나 일제는 여기에서도 교장 인가를 내주지 않았다. 일제는 조만식을 아예 교육계에서 쫓아내려고 안간힘을 썼다. 그래서 늘 조만식을 감시하고 다녔다.

1년이 지나도록 일제가 교장직을 인가하지 않자, 조만식은 조용히 물러났다. 조만식이 이렇게 물러난 것은 일제에 항복한 것이 아니었다. 오히려 그는 교육자로서 사명감이 더 분명해졌다. 그는 비록 교단에서 가르치지는 못하더라도 학교 경영을 통해 자신의 교육적 이상을 펼쳐야겠다고 마음먹었다. 그는 이 일을 앞두고 하나님께 매달려 간절히 기도했다.

'오, 하나님 아버지. 제 길이 막히는 것은 우리 민족의 활로가 막히는 것이나 다름없습니다. 그러니 제게 하늘의 지혜를 주셔서 험난한 장애물들을 잘 극복해나갈 수 있도록 도와주소서. 특히 우리 젊은이들에게 교육의 길을 열어주셔서, 우리 민족에게 정녕 자유로운 삶을 가져다주도록 섭리하여 주소서.'

학교 경영에 참여한 조만식은 숭인학교를 숭인상업학교로 바꾸고 발전시켜나갔다. 당시 일제는 인문학교는 아주 까다롭게 간섭했으나 실업계 학교에는 관대한 편이었다. 이런 점에 착안하여 숭인학교를 실업학교로 바꾸어, 일제의 간섭을 피해 학생들에게 신앙교육과 민족의식교육을 병행하려 했다.

숭인상업학교를 창설하고 발전시켜가는 일에 조만식은 훌륭한 협력자 두 사람을 얻었다. 한 사람은 숭인학교 유공자인 오윤선 장로이고, 또 한 사람은 오랫동안 교장 직무를 맡아온 김항복이다. 조만식은 이 두 사람을 앞세우고 실질적인 경영자가 되었다. 오윤선 장로는 고당의 둘도 없는 신앙 동지였고, 김항복은 그가 오산학교에서 친히 가르친 사랑하는 제자였다.

숭인상업학교 경영

　　무려 12년 동안이나 숭인상업학교 교장직을 맡아 일했던 김항복은 평안북도 정주 태생으로, 오산학교를 마치고 일본 와세다 대학교에서 정치경제를 전공한 사람이었다. 당시 한국 유학생으로서 정치경제학을 선택하여 공부한 사람은 드물었다. 그는 유학을 마친 후 귀국길에 오르면서, 조국을 위해 헌신하겠다는 큰 꿈에 부풀어 있었다. 그는 고국에 돌아가 무슨 일을 할까 이런저런 궁리 끝에 결심했다.

　　'그래, 언론의 힘을 빌려 나라를 잃고 갈팡질팡하는 겨레 앞에 정신적인 길을 제시하자. 그 일이야말로 이 암울한 시대에 겨레의 등불을 밝히는 일이 될 거야.'

　　김항복은 귀국한 즉시 고당 조만식 선생을 방문했다. 이때 조만식은 숭인상업학교 이사장으로 일하면서 동시에 숭실전문학교에서 강의를 하고 있었다.

"고당 선생님."

"자네 김항복이 아닌가!"

"네, 선생님의 사랑을 받았던 항복이입니다."

"그래 유학은 다 마친 겐가?"

"예, 마쳤습니다. 그래서 이제 귀국했습니다."

"벌써 시간이 그렇게나 많이 흘렀군. 할 일 많은 이 나라에 자네 같은 좋은 인재가 돌아와서 정말 기쁘네."

"선생님을 이렇게 다시 뵙게 되니 정말 기쁩니다."

조만식은 김항복에게 유학 시절의 이런저런 일들을 물었고, 자기가 유학하던 시절의 일들을 들려주기도 했다. 그들의 정담은 계속 이어졌다. 그러다가 조만식은 신중하게 물었다.

"그럼 자네는 귀국하면서 무슨 일을 하겠다고 생각했나?"

"이것저것 생각해봤는데 아무래도…."

"그래, 어떤 결정을 했는데?"

"언론계에 투신하는 것이 좋겠다는 생각을 했습니다."

"언론계?"

"네, 민족 신문인 동아일보와 조선일보 중 한 곳에 들어가 보려 합니다."

그러자 고당은 아무런 대꾸도 하지 않고 무엇인가 골똘히 생각했다.

"음, 언론을 통해서 민족을 위해 공헌하겠다… 그것도 물론 좋은 일이지만…."

"선생님께서 생각해두신 무슨 다른 계획이라도 있습니까?"

"자네의 생각이 틀린 것은 아니지만, 내 생각에는 언론보다 교육계에 투신하는 것이 나을 것 같네. 오산학교 시절을 생각해보게나. 그때 우리의 가슴에 하나님에 대한 신앙이 얼마나 뜨거웠고, 겨레에 대한 사랑은 또 얼마나 열정적이었는가."

김항복은 조만식 선생의 말에 공감했다. 누가 뭐래도 그 시절에는 그리스도의 정신을 따라 믿음으로 살아가고자 했고, 그 정신으로 나라를 구하려는 일념으로 가슴이 뜨겁게 달아올랐다. 그래서 전체 학생은 물론 이승훈과 조만식을 비롯한 온 교사들이 가족처럼 하나가 되어 기쁨과 슬픔을 함께 했었다. 조만식은 말을 이었다.

"비단 자네뿐만 아니라 나 역시도 그 시절의 푸른 꿈과 뜨거운 열정을 잊을 수 없다네. 생각해보게나. 아이들이 하루가 다르게 성장해가고 있는데, 누가 이들에게 바른 신앙과 애국심을 심어주겠는가."

그는 이제까지 아끼고 사랑했던 유능한 제자들이 자기와 함께 어깨를 맞대고 일해주기를 내심 바라고 있었다. 그런 그의 마음을 김항복에게도 드러냈다.

"나는 지금 숭실전문학교에 강사로 나가고 있는데, 이 일을 부득이 그만두어야 할 형편이야. 마침 강의를 대신 맡아줄 사람을 찾고 있던 중이라네."

"네."

"그러니 우선 자네가 이 일을 대신해주게나. 과목은 법제와 경제일세."

일제는 조만식에게 학교 교장직은 물론이고 심지어는 강사직까지 인가를 내주지 않았다. 그래서 어쩔 수 없이 숭실전문학교에서 강의하는 일까지도 그만두어야 했다. 김항복은 진지하게 조만식의 제안을 받아들였다.

"선생님의 말씀대로 하겠습니다. 아무래도 선생님의 깊으신 뜻을 따르는 것이 더 현명하지 않겠습니까."

그러자 조만식은 고개를 끄덕이며 김항복의 손을 잡았다.

"그럼 됐네. 아주 잘된 일이야. 어쨌든 이 일이 나와 함께 일하는 첫걸음이라고 생각해주게나."

"감사합니다, 선생님."

이때부터 김항복은 스승의 후임으로 숭실전문학교에서 학생들을 가르치기 시작했다. 그로서는 교육계에 첫발을 내딛는 셈이었다.

당시 숭실전문학교는 문과와 이과로 나뉘어 운영되고 있었다. 얼마 후 김항복은 상과를 신설해보자는 의견을 내놓았다. 그러자 미국에 있는 장로교 선교 본부에서 이를 반대하였다. 한국은 농업국가이기 때문에 상과 신설이 맞지 않다는 것이었다. 이 문제로 김항복은 잠시 마음에 갈등을 겪었다. 그래서 그는 조만식을 찾아가 자신의 계획과 선교부의 반응을 전했다.

"저는 현재의 정황으로 보아 상과를 신설하는 일이 꼭 필요하다고 생각하는데, 선교부는 계속 반대하고 있습니다."

"선교부가 앞날을 내다보는 눈이 짧기 때문에 그런 일이 생긴 게야. 사실 우리나라가 일제에서 벗어나려면 상업의 활약이 더 커야 하는데. 그럼 앞으로 어떻게 했으면 좋겠는가?"

"마침 마산에 있는 호신중학교에서 교장으로 와 달라는 초빙을 받았습니다. 그래서 지금 신중히 생각해보고 있는 중입니다."

"그게 정말인가?"

"예, 선생님."

고당은 잠시 생각하더니 단도직입적으로 말했다.

"그럼, 자네 내가 지금 운영하고 있는 숭인상업학교로 옮겨 오게나."

"네?"

"자네에게는 황당하게 들릴지 모르지만 내게는 아주 중요한 일이라네. 그러니 와서 우리 학교 교장직을 맡아주게. 사실 나는 처음부터 자네를 우리 학교 교장으로 초빙하고 싶었지만 남의 이목 때문에 그럴 수 없었네. 교육계에 첫발을 내딛는 사람에게 곧바로 교장직을 맡길 수 없어, 먼저 숭실전문학교에서 경력을 쌓게 한 거네."

"선생님, 그게 정말입니까?"

"정말이지. 이런 기회가 생겼기 때문에 이제야 내 생각을 말하는 게야."

"감사합니다, 선생님. 오늘이라도 당장 숭인상업학교로 옮기겠습니다."

"고맙네, 정말 고마워."

김항복으로서는 감격스러운 요청이었다. 가장 존경하는 스승 곁으로 옮겨가는 일도 기뻤지만 일반 교사가 아니라 교장직까지 맡는 것은 생각지도 못한 일이었다.

김항복은 1928년 4월 스물여덟의 나이로 숭인상업학교 교장직을 맡아 일하게 되었다. 교장 취임식 때 조만식은 신임 교장인 김항복을 학생들에게 깍듯이 소개하였다.

"오늘은 우리 숭인상업학교에 기쁜 날입니다. 이렇게 훌륭한 김항복 선생님을 신임 교장으로 맞게 되었으니 말입니다."

조만식은 김항복의 제자였기에 지금까지는 말을 낮추었지만, 취임식에서는 그를 교장에 맞이하면서 정중히 대해주었다. 그러자 김항복은 송구스러운 듯 고개를 숙였다.

김항복은 교장으로 취임한 후 학교의 행정과 재정을 파악했다. 교육 시설이 빈약했고, 교직원들의 임금도 밀려 있었다. 게다가 수천 원의 빚까지 있었다. 조만식은 학교의 어려운 사정을 김항복이 취임한 후에야 알려주었다.

"우리 학교 형편은 와서 보고 듣고 느낀 그대로입니다. 사실은 경영에 어려움이 한두 가지가 아니지요."

"어려운 형편에서 지금까지 버텨오시다니, 선생님의 인내력이 새삼 놀랍습니다."

"다 하나님의 은혜였습니다. 그렇지 않고서 어떻게 이런 어려움들을 이겨낼 수 있었겠습니까."

"그런 어려움 가운데서도 학교를 향한 큰 뜻이 있으셔서 지금까지 몸담아 오시지 않으셨습니까, 선생님."

"사실 오산학교 때부터 일관되게 가져온 집념이지요. 나라를 잃은 우리 겨레를 위하여 장차 이 나라를 다시 일으킬 청소년과 젊은 이들 가슴에 기독교 신앙을 확고하게 심어주고 민족에 대한 사랑을 견고히 심어주는 것, 이것이 바로 내가 이제까지 지녀온 집념의 핵심입니다."

"잘 알겠습니다, 선생님."

"그래서 김항복 선생에게 꼭 부탁드릴 말씀이 있습니다. 어려운 현실만 바라보고 좌절하지 말고, 이런 어려운 환경 속에서도 하나님의 귀한 뜻을 이룩해달라는 것입니다. 예수님께서도 결코 좋은 환경에서가 아니라 골고다라는 험악한 산정에서 십자가에 매달려 인류의 구원하셨으니."

"잘 알겠습니다, 선생님. 귀한 말씀 두고두고 명심하겠습니다."

"고맙습니다."

학교 경영은 어려웠지만 조만식과 김항복은 낙담하지 않았다. 힘이 들 때마다 우리를 위해 목숨까지 버리신 주님의 숭고한 사랑을 생각하며 용기를 얻었다. 그리고 예수 그리스도의 정신을 학생들에게 가르치려고 애썼다.

숭인상업학교에는 정기적으로 예배를 드리는 시간이 있었다. 조만식은 이 시간만큼은 전적으로 자신이 담당했다. 그는 이 시간에 학생들에게 신앙의 도리만이 아니라 실제 생활에 필요한 마음가짐과 몸가짐에 대해서도 들려주었다. 무엇보다 조만식은 예수 그리스도의 겸손과 화해, 용서의 정신에 대해 자주 강조했다.

학생 여러분.

우리가 예수 그리스도에게서 배워야 할 소중한 정신은 참으로 많습니다. 하지만 그중 가장 귀중한 것은 그분의 겸손함과 용서하고 화해하는 정신 그리고 선한 일을 행하는 용기입니다. 우리가 이 세 가지를 실천하지 않는다면 우리는 절대로 그리스도를 바로 배웠다고 말할 수 없습니다. 아무쪼록 여러분의 삶에 우리 주님의 이런 인격이 아름답게 열매 맺기를 원합니다.

조만식은 학생들의 마음을 수양하는 수신 시간에는 주로 인도의 성자요 지도자인 마하트마 간디의 이야기를 들려주었다. 그는 학생들에게 간디의 민족애를 본받아 실천적인 삶을 살아가라고 가르쳤다. 조만식은 학생들이 예수 그리스도의 정신을 본받아 실천하는 삶을 살기를 진심으로 바랐다.

그렇다고 조만식이 숭인상업학교 경영에만 매여 있지는 않았다. 물산장려운동, 기독교청년회운동, 산정현교회 장로직 등을 수행하느라 쉴 틈이 없었다. 이밖에도 백선행기념관과 인정도서관 일도 늘 관심을 두고 돌봐야 했다. 그는 암담한 조국의 현실 앞에 좌절하지 않고 조국의 미래를 향해 뚜벅뚜벅 걸어갔다.

상한 갈대를 꺾지 말라

               숭인상업학교가 첫 졸업생을 낸 것은 1933년이었다. 그리고 그 이후로 13회까지 졸업생을 배출하였다. 하지만 학교 당국은 학생들을 졸업시키는 것으로만 끝내지 않고 이들의 취직까지 신경을 썼다. 교장 김항복은 졸업생들을 좋은 곳에 취직시키기 위해 사방팔방으로 뛰어다녔다.

졸업 시기가 되면 김항복 교장은 졸업생들의 일자리를 알아보기 위해 관서지방은 물론 관북지방 일대를 돌아다녔고, 때로는 멀리 국경을 넘어 하얼빈, 다롄, 지린 등지까지 찾아다녔다. 이런 일은 제자들에 대한 사랑과 정성이 없으면 할 수 없는 일이었다.

김항복을 교장으로 내세운 조만식은 뒤에서 학교 경영을 진두지휘하였다. 그리고 그의 뒤에서는 오윤선과 김동원 두 장로가 뒷받침해주었다.

경영상 어려움이 생기면 조만식은 김항복과 함께 무릎을 꿇고 하나님께 간절히 기도했다. 그들은 기도 속에서 하나님이 어떤 어려움도 극복할 수 있는 힘을 주시고 길을 열어주시는 것을 경험할 수 있었다. 그래서 그 두 사람은 기도의 힘에 의지해 어려움 속에서도 잘 버텨나갔다. 김항복은 크고 작은 일을 가리지 않고 학교에 관한 일이라면 빠짐없이 조만식과 의논하여 처리해 나갔다.

＊＊＊

한편 이 당시 학생들이 걸핏하면 동맹 휴학을 해서 여러 학교들이 골머리를 앓고 있었다. 숭인상업학교도 마찬가지였다.

처음에 동맹 휴학은 항일운동의 성격을 띠었다. 오산학교 학생들이 조만식 선생의 교장직 비인가에 항의하기 위해 동맹 휴학을 벌였던 것이 그 예이다.

하지만 갈수록 학생들은 자신들의 문제로 동맹 휴학을 했다. 학교 당국이 학생들의 의견을 들어주지 않거나 자신들의 의사와 반대되는 일을 하면 곧 동맹 휴학을 벌여 항의하곤 했다. 갈수록 동맹 휴학은 학생들의 무기로 둔갑해 학교 운영에 제재를 가하는 일이 많아졌다.

숭인상업학교에서도 여러 차례 그런 일이 일어났으며, 조만식과 김항복은 그때마다 신경이 곤두섰다. 게다가 어떤 때는 교사들 일부도 학생들에게 동조하여 학교 당국을 향해 불평을 털어놓는가 하면, 심지어는 극단적인 행동을 일삼는 경우도 있었다.

그중에 거의 상습적으로 나서는 교사가 있었다. 김항복은 그 교사 문제로 고민하다가 조만식을 찾아갔다.

"고당 선생님."

"무슨 일입니까, 김 교장."

"한 가지 의논드리고 싶은 것이 있어서요."

"말씀해보세요."

"예, 우리 학교 교사 중에 김아무개 선생이 있잖습니까?"

"그런데요?"

"아무래도 이 교사를 학교에서 내보내야겠다는 생각이 듭니다."

"그분을 우리 학교에서 퇴직 처분하자는 말입니까?"

"예, 그렇습니다."

"무슨 이유로?"

고당 역시 짐작 못한 일은 아니었다. 하지만 그는 전혀 모르고 있는 양 넌지시 그 까닭을 물었다.

"사실 그동안 우리 학교 학생들이 극단적인 실력 행사를 자주 벌이는 배후에는 그 교사의 선동이 있었습니다."

"음!"

"학생들이 들고 일어나더라도 잘 설득해서 진정시켜야 할 선생이 도리어 선동을 하고 다닌다는 것은 그냥 넘길 수 없는 문제입니다. 게다가 한두 번도 아니고 상습적으로 말입니다."

조만식은 아무 말 없이 묵묵히 김항복의 말을 들었다.

"이 문제로 제 나름대로 그동안 많이 고심하고 참아왔습니다만, 이제는 더 이상 가만히 있을 수 없다는 생각이 들었습니다. 계속 방치하다간 학생들을 그릇된 길로 인도할 것 같습니다."

"잘 알겠습니다."

조만식은 잠시 깊은 생각에 잠겼다. 이윽고 무겁게 입을 열었다.

"김 교장."

"예, 선생님."

"숙과자락이라는 말을 들어본 적이 있나요?"

"네?"

갑작스런 질문에 김항복은 당황했다.

"잘 익은 과일은 저절로 떨어지게 마련이라는 말입니다."

"예, 저도 알고 있습니다."

"아직 익지 않은 과일을 억지로 떨어뜨리면 그것이 어떻게 되겠어요? 그 과일은 아무 쓸모도 없지 않겠습니까!"

김항복은 조만식의 말뜻을 잘 이해할 수 없었다.

"또 성경에도 '상한 갈대를 꺾지 말라'는 말씀이 있습니다. 그런데 어떻게 사람을 함부로 내보낸단 말입니까."

조만식은 잠시 말을 멈추고 김항복의 얼굴을 조용히 바라보았다. 그리고 진심 어린 눈길로 나지막이 말했다.

"김 교장, 그분을 억지로 내보내려고 서두르지 마십시오. 때가 이르면 하나님께서 다 섭리해주실 겁니다."

이런 말을 들은 김항복은 고당의 높은 인격과 탁월한 안목에 새삼스럽게 감탄하지 않을 수 없었다.

'과일이 잘 익으면 저절로 떨어지게 마련이다. 또 아직 익은 것이 아니더라도 썩은 것은 저절로 못 쓰게 될 때가 온다. 그렇다면 못 쓸 것이라고 서둘러 미리 따버리는 것보다 때를 기다리는 것이 더 현명할지도 모른다. 물론 그의 잘못을 못 본 척 방치해둘 수는 없는 일이다. 그러나 잘못을 저지른 장본인이 스스로 깨닫는 날을 기다리는 것도 현명한 일이다.'

조만식은 그런 생각으로 조금만 더 두고보자는 결론을 내렸다.

이렇듯 조만식은 김항복의 뒤에서 그를 돕고 지도해주었다. 그리고 김항복은 성실함과 열정으로 학교를 발전시켜 나갔다.

시간이 지나면서 숭인상업학교는 우수한 교사들을 많이 확보했는데 한경직, 김재준, 김효록, 김충선, 원홍균 등이 그 당시 이 학교에서 일했다. 한창 숭인상업학교가 발전기에 있을 때 교장 김항복은 숭인상업학교를 동평양 교외로 옮겨, 더 확장하여 신축하려는 계획까지 세웠다. 그런데 마침 중일전쟁이 터지고 동우회 사건으로 그가 검거되는 바람에 그 계획은 깨지고 말았다.

고당 조만식 선생의 생애에서 또 하나 빼놓을 수 것은 민족운동을 새로운 방법으로 전개시킨 신간회 활동이었다.

3·1운동이 실패로 끝나자 민족 지도자들은 독립운동을 위한 다양한 방법을 모색했다. 러시아 혁명을 성공시킨 레닌이 약소민족의 독립을 적극 지원하겠다고 하자 애국지사들 중 일부는 사회주의 운동과 독립운동을 연결시켜 보려 했다. 이들은 1920년경 '고려공산당'을 결성했다.

3·1운동이 실패한 후, 좌절한 일부 유학생들은 무정부주의 운동에 빠졌다. 이 운동은 개인적인 절대 자유를 주장하며 일체의 정부 조직이나 권력을 물리치자는 운동이었다. 1923년 일본 천황을 암살하려 했던 박열이라는 청년이 바로 대표적인 무정부주의자였다. 이런 다양한 생각들로 민족운동 내부는 오해와 분열이 일어났다.

해외 독립운동도 1920년 청산리 대첩 이후로 일제의 대토벌로 어려움을 겪고 있었다. 국내 역시 1920년부터 민립대학설립운동, 물산장려운동 등이 활발히 추진되었지만 일제의 문화정치에 밀려 활동이 부진한 상태였다.

이처럼 나라 안팎이 어수선할 때, 조선 왕조 최후의 황제인 순종이 세상을 떠났다. 1926년 4월이었다. 온 국민은 실의에 빠져, 힘없이 살다간 마지막 황제의 죽음을 애도하며 나라 잃은 울분과 비애를 토해냈다. 순종의 장례식에 맞춰 일어난 것이 바로 6·10만세운동이었다.

일제는 3·1운동의 전철을 밟지 않기 위해 순종의 장례식에 경계를 강화했다. 심지어 그들은 군대까지 동원했다. 이 운동은 사전에 정보가 새어나가 크게 성공하지는 못했다. 6·10만세운동 결과 많은 애국지사들이 검거되었고, 장례 행렬을 따르며 만세를 부른 시위자들도 수없이 끌려갔다. 6·10만세운동은 비록 실패로 끝났지만 침체된 민족운동에 활기를 불어넣는 계기가 되었다. 이런 일이 있고 난 그 이듬해인 1927년에 신간회가 결성되었다.

6·10만세 운동이 실패로 돌아가자 애국지사들은 은밀히 한 자리

에 모여 심각하고도 조심스럽게 의논했다. 이 자리에는 정치가, 법률가, 언론인, 문필가, 교육자, 종교인 등 각계각층의 사람들이었다.

"지난해 만세운동이 실패한 데는 여러 가지 원인이 있었습니다."

"조직력이 약했던 데다 국민의 감정에만 지나치게 기대를 걸어 일시적인 효과만 거두려 했던 것이 문제였지요. 그리고 정보가 새어나가는 문제도 있었고요."

"어설픈 계획으로 일제의 눈을 속일 수 있다고 생각하는 것은 참으로 위험합니다."

"맞습니다. 우리가 다시 합심하여 보다 더 나은 운동방안을 모색해야 합니다."

"무엇보다도 장기적인 안목을 가지고 지속적인 운동을 펴나가야 할 것입니다."

"그에 따른 철저한 기구와 조직도 바탕이 되어야겠지요."

"물론입니다. 짧은 안목을 가지고 급히 만든 조직을 통해서는 지속적인 운동을 펼 수가 없을 것입니다."

"가장 중요한 일은 민족 단일전선을 펴는 일입니다. 지금만 해도 소위 사회주의 진영과 민족주의 진영으로 크게 양분되어 있는데, 이런 것은 힘을 분산시키는 결과만 가져다 올 뿐입니다."

"이 시점에서 또 한 가지 짚고 넘어가야 할 점이 있습니다."

"그게 뭔가요?"

"장기적인 운동을 펴자면 지하조직보다는 조직을 오히려 일본 당국 앞에 자연스럽게 노출시키며 운영을 교묘하게 해나가야 한다는 것이지요."

"정말 뛰어난 의견이 아닐 수 없습니다."

이날 논의된 여러 가지 의견들을 폭넓게 수용해, 그해 2월 15일에 서울에 있는 YMCA 회관에서 신간회가 창립되었다. 신간회는 이념을 떠난 민족운동 단일체로 장기적 운영을 목적으로 출발했다. 신간회의 가장 큰 특징은, 비밀 조직체가 아니라 노출된 민족운동 기구였다는 점이다. 신간회 창립에 중요인사로 참여했던 이관구 씨는 훗날 당시의 상황을 이렇게 들려주었다.

창립 당시의 신간회에는 모든 분야의 인사들이 고루 참여하였고, 특히 조선일보사 간부들이 빠짐없이 관여했다. 또 그때 이 신문사 사장을 맡고 있던 월남 이상재 선생을 비롯하여 안재홍, 신석우, 이성부 등은 주요 간부로서 크게 활약하기도 했다.

한편 신간회를 민족운동 단일체로 만들자는 데는 별다른 의견 충돌 없이 수월히 진행되어 갔지만 일본 당국 앞에 노출시키는 부분에 대해서는 의견이 분분해 어려움을 겪기도 했다.

그러나 애국지사들은 이 당시 일본 당국이 문화정치를 내세우고 있다는 점을 이용하여, 신간회 설립 허가를 요청할 때 문화운동기구를 표방했다. 물론 일본 당국이 우리의 표방에 전적으로 속은 것은 아니었다. 하지만 서류상 문제가 없는 데다가 한국 민족운동의 내막을 손쉽게 파악할 수 있는 계기가 될 것이라는 계산 하에 신간회 설립을 합법적으로 인정해주었다.

초대회장은 이상재가 맡았고, 부회장은 권동진이 맡았다. 그리고

중앙위원은 30명으로 구성되었다.

　신간회는 세 가지의 강령을 내걸었다.

　첫째, 정치적·경제적 각성을 촉구한다.

　둘째, 견고한 단결을 도모한다.

　셋째, 일체의 기회주의를 배격한다.

　하지만 그 의미를 놓고 보면 궁극적으로는 민족의 역량을 한데 결집시키자는 것이다. 어쨌든 신간회는 이때부터 거족적인 민족 세력으로 발전하였다. 그리고 이때 조선일보는 기관지 역할을 도맡아 하였다.

　고당 조만식 선생은 이 운동에 처음부터 참여했다. 선생은 중앙위원의 한 사람으로서 그리고 평양 지회장으로서, 강연회가 열릴 때마다 열심히 뛰었다.

　'우리 민족이 일제의 압제로부터 벗어나 참된 자유를 얻으려면 우리 민족 전체가 깨어나 하나로 뭉쳐야만 한다.'

　이것이 당시 조만식의 확고한 신념이었다. 조만식은 평양을 중심으로 한 관서지방에서 이 운동을 기독교 신앙운동으로 승화시켜나갔다. 이런 그의 활동은 살아 계신 하나님의 인도하심 없이는 아무 일도 이룰 수 없다는 확고한 믿음 때문이었다. 그래서 조만식은 평양에서 주축으로 활동했던 기독교 신우회까지도 신간회 활동에 합류시켰다.

　하지만 이렇게 활발하게 움직여 가던 신간회 활동도 결국 파국을 맞고 말았다. 1929년 11월 3일에 광주학생사건이 터지자 신간회는 이 운동을 전국적으로 확산시키려고 뛰어들었다. 그러자 일제가 개입하여 신간회 해체 명령을 내렸다. 그 후 민족운동은 다시 지하운동으로 숨어들었다. 결국 신간회는 해체되었지만 민족운동의 불씨는 꺼지지 않고 지하운동으로 스며들어 끊임없는 투쟁을 이어갔다.

한중 양국을 화해시키다

　　　　　　조만식이 소년 시절부터 운동을 좋아했고
만능 운동선수였다는 것을 웬만한 사람들은 알고 있었다. 운동에 대
한 열정은 어른이 되어도 식지 않았다. 그래서 그는 관서체육회를
만들어 회장의 일을 맡기도 했다.

　조만식이 평생 동안 지치지 않고 신앙과 민족운동의 한길을 걸을
수 있었던 데에는 꾸준한 정신 단련과 체력 단련도 큰 역할을 했다.
그는 뜻있는 사람을 만날 때마다 체력의 중요성을 역설했다.

　"체력은 국력입니다."

　"건전한 정신은 튼튼한 육체에서 나옵니다."

　"체육 진흥은 국권 회복의 지름길입니다."

　그는 젊은이들을 만날 때마다 늘 조언했다.

　"우리가 무슨 일을 제대로 하려면 우선 몸부터 튼튼해져야 한다."

조만식이 관서체육회를 결성한 것도 이런 신념 때문이었다. 그는 나라를 사랑하는 일도, 하나님을 제대로 섬기는 일도 튼튼한 체력이 바탕이 되어야 한다고 생각했다.

관서체육회는 1년에 한두 차례씩 운동경기를 개최하곤 했다. 이 대회는 평양만 아니라 관서지방 일대가 떠들썩할 만큼 큰 규모의 행사였다. 해를 거듭할수록 대회의 규모가 커지고 사람들의 관심도 높아졌다. 또 대회의 규모가 커질수록 모두가 한마음이 되어 민족의식을 고양시키는 효과도 있었다.

이런 일을 일제가 곱게 볼 까닭이 없었다.

"해마다 관서체육회란 것이 개최되고 있는데, 처음과는 성격이 달라지고 있는 것 같아."

"어쩌면 그 세력이 폭동으로 변할지도 모르는 일 아니야?"

"그렇다면 서둘러 손을 써야겠는데."

"조선인들이 잠잠할 날이 없으니 귀찮아 죽겠군."

일제의 방해로 평양에서 해마다 열리던 운동경기는 예전처럼 그렇게 쉽게 진행되지 못했다. 그렇다고 조만식이 쉽게 포기할 리 없었다. 오히려 그런 장애를 뛰어 넘으며 몇 해 동안 꾸준히 밀고 나갔다. 그리하여 이 대회는 8년 동안이나 계속 되었다.

이렇게 조만식이 체육 진흥에 특별히 힘을 기울였던 것은 또 다른 목적이 있었기 때문이다. 체육 활동은 청년운동을 더욱 활발하게 이끌어주는 원동력이 되었다. 그가 관서체육회를 결성하던 해에 〈학해〉라는 잡지에 다음과 같은 글을 발표한 것만 봐도 그 당시 조만식의 마음을 잘 알 수 있다.

젊은이여, 앞날을 바라보라. 만약 이 땅에 젊은이가 없다면 나라의 장래도 있을 수 없다. 인생의 의미는 운명의 개척에 있다. 그러므로 젊은이는 이 나라 운명의 개척자들이다.

젊은이여, 앞날을 바라보라. 절제 없이 인생을 헤쳐나갈 수가 있는가. 대결에서 승리할 수 있는 굳은 정신은 생활의 절제와 정욕의 절제와 과욕의 절제에서만 얻어진다. 그러므로 그대들은 자신의 안일함을 추구하는 마음에 언제나 칼날을 대기 바란다.

젊은이여, 앞날을 바라보라. 직업이 없으면 삶의 낙오자가 된다. 자기의 일이 있어야만 거기서 큰 일을 창출해낼 수 있다. 직업은 사람을 유덕하게 만든다. 아무리 좋은 포부가 있어도 일을 하지 않으면 결국 인생의 실패자가 되고 만다는 점을 명심하라.

젊은이여, 앞날을 바라보라. 하나님께서 각자에게 맡겨준 천직으로 사회와 민족에 봉사하라. 그것이 가장 값진 삶임을 기억하라. 당장의 희생적인 봉사는 손해로 여겨지지만 그러나 이보다 더한 흑자 인생이 없다는 것을 깨달아야 한다.

1930년 4월에 부친 조경학이 일흔네 살의 나이로 세상을 떠났고, 이듬해 4월에는 모친 김경진이 뒤따라 세상을 떠났다. 조만식은 너무나도 가슴이 아팠다. 물론 두 분 다 연로하여 세상을 떠났지만 그동안 제대로 자식 노릇을 못했다는 생각에 통곡하고 오열했다. 그는 독자이면서도 도쿄 유학 5년, 감옥 생활 5년, 오산학교 봉직 9년 등

오랫동안 부모님을 모시지 못하고 떠나 살았던 것이 무엇보다도 가슴 아팠다.

1932년, 조만식의 나이 쉰에 접어들었다. 그 무렵 국내외 정세는 충격적인 대사건들로 소용돌이치고 있었다. 독립군을 이끌고 싸우던 김좌진 장군이 1930년 1월에 영안현 산시역에서 공산당 계열에 의하여 무참히 피살당한 데 이어, 5월에는 간도지방에서 김근과 문중송 등 500여 명이 폭동을 일으켜 교포 양민 60여 명을 무참하게 죽인 사건이 터졌다.

이듬해인 1931년 5월에는 만보산 사건이 발생하고, 이해 9월에는 일본이 만주사변*을 일으켜 동아시아의 평화를 크게 위협하는 일이 일어났다. 또 같은해 1월에는 이봉창 의사가 도쿄에서 일본 천황을 향하여 폭탄을 던진 의거가 일어났고, 4월에는 윤봉길 의사가 상하이에서 거행된 천장절 경축식장에서 폭탄을 던져 시라카와 대장 등을 죽이고 여러 간부에게 중상을 입혔다. 민족의사들의 봉기 때문에 일제는 우리 민족의 자유를 더욱 옥죄었다.

이렇듯 나라 안팎의 사건으로 뒤숭숭하고 불안했다. 민심은 술렁일 대로 술렁이고 온갖 유언비어까지 무성하였다.

이런 여러 가지 사건들 가운데서도 중국인과 우리 조선인이 충돌하게 된 소위 만보산 사건이 가장 큰 피해를 가져왔고 충격의 여파 또한 가장 오래 갔다. 이 사건은 조만식의 중재로 문제 해결에 결정적인 실마리를 풀게 되었다.

★ 만주사변 일본이 1931년 9월 18일 만철 폭파사건을 조작해 일으킨 만주 침략전쟁.

이 사건의 발생지인 만보산은 만주에 있는 장춘과 공주령 사이에 있는 전형적인 농촌이었다. 이곳에서도 우리 교포들이 벼농사를 지으며 살고 있었다. 이곳 농지는 중국인 경작지와 조선인 경작지가 따로 구분되어 있었는데, 이해에 극심한 가뭄이 들어 중국인과 조선인이 수로를 사이에 두고 물싸움이 일어났다. 서로가 자기 편 경작지에다 더 많은 물을 끌어대려다가 심한 다툼이 일어난 것이다.

"당신네는 어제 많이 끌어갔잖소."

"아니, 남의 나라에 빌붙어 사는 주제에 무슨 소리야."

"뭐라구! 이건 분명 우리들이 경작하는 땅이니까 우리에게도 정당한 권리가 있어. 이건 공평하지 않아. 어제와 약속이 다르잖소."

"아니, 무슨 말이 이렇게 많아. 빨리 비켜!"

물싸움은 가뭄이 들 때면 같은 마을에 사는 사촌끼리도 더러 할 만큼 농촌에서는 흔한 일이다. 그러나 이 만보산 지방에서의 물싸움은 다른 양상으로 번졌다. 이 물싸움은 민족 분쟁이라는 감정 대립으로 발전했다.

"그래도 버틸 참인가?"

"오늘은 양보 못해!"

"우린 적어도 원주민이야!"

"원주민은 양심도 없소?"

"뭐가 어째?"

사태는 악화되어 두 민족 사이에 집단 난투극이 벌어졌고, 급기야는 사상자까지 발생했다. 싸움 끝에 손에 잡히는 농기구들을 서로 마구 휘둘러서 생긴 결과였다. 그런데 이 사건은 그만 일본인들의 농간에 의해 엉뚱하게 전달되었고, 급기야는 커다란 불행으로 확대되고 말았다.

때마침 일본은 만주 침략을 치밀하게 준비하고 있었기 때문에 이들은 그 사건을 교묘하게 이용했다.

"됐어. 절호의 기회야."

"먼저 조선인들에게 그 사건을 과장하여 선전하면 금방 물불을 가리지 않고 덤벼들 거야. 그러면 우리 일본제국이 만주를 칠 때 조선인 출병이 훨씬 수월해지겠지."

일본인들의 영악한 계략은 예상했던 대로 먹혀들었다. 일제는 만보산 사건을 크게 과장하여 조선인의 감정을 격앙시켰다.

"뭐, 되놈들이 우리 조선인들을 다 죽였다고?"

"만주 전역에서 조선인 씨를 말리고 있대."

"되놈들을 모두 잡아 죽여야 한다."

"화교를 잡아 죽여라."

"모조리 잡아 죽이자."

이런 분노는 평양에서 가장 먼저 폭발했다. 갈수록 이 사건은 더 과장되어 전국으로 퍼졌다. 그래서 일본 정부의 계략대로 평양에서 살다가 잡혀서 죽은 화교들의 숫자만 해도 며칠 사이에 수십 명이 넘었다. 게다가 일본인들에게 억눌린 감정을 화교에게 분풀이하는 양상으로 치닫기도 했다.

사태가 이렇게 되자 일본인들은 다시 이를 역이용하여 이번에는 중국 전역에 더 흉악한 유언비어를 만들어 유포시켰다.

"조선에 살고 있는 중국인 교포들이 멸종당하고 있다."

"조선인을 그대로 놔두면 대국의 체면은 땅에 떨어지고 만다."

"그러니 너희도 조선인을 타도해야 한다."

참으로 무서운 조작이었다. 일본인들은 결정적인 때를 포착하려고 그런 흉악한 술수를 썼던 것이다.

결국 만주 전역에 살고 있던 조선인들이 수난을 당하기 시작했다. 울분에 찬 중국인들이 닥치는 대로 조선인을 학살한 것이다. 이런 때를 노려 막강한 힘을 가진 일본 관동군이 의기양양하게 만주로 출병하였다.

'조선인은 일본 국민이기 때문에 우리가 보호할 책임이 있다.'

이것이 관동군 출병의 명분이었다. 그리고 이 일은 결국 일본으로 하여금 중국 침략의 교두보 역할을 하기도 했다.

일본의 계략으로 조선과 만주에서 조선인과 만주인이 피를 흘리고 있을 때, 조만식은 기지를 발휘하여 두 민족을 화해시키는 데 성공했다.

처음에 일본인들이 만들어 유포시킨 유언비어를 의심한 조선인은 아무도 없었다. 심지어 애국지사들까지도 일제가 유포시킨 유언비어를 그대로 믿었다. 그러나 조만식은 중국인 타도를 외치면서 평양 거리를 휩쓸고 다니는 시민들의 난동을 보다가 머리를 흔들며 이런 생각을 했다.

'이건 분명히 일본 정부의 계략이 분명해. 우리가 그들의 술수에 말려든 거야. 만약 그렇지 않다면 어째서 일본 경찰이 폭동과 다름없는 이런 난동을 진압하러 나서지 않고 그냥 웃으며 구경만 하고 있단 말인가.'

폭력과 난동 속에서도 일본 경찰들의 잠잠하고 태연한 모습을 보며 조만식은 유언비어의 유포가 일본의 계략임을 확신했다. 3·1운동 당시만 해도 그들은 시위를 진압하기 위해 얼마나 혈안이 되어 날뛰었던가.

조만식은 즉시 경성으로 올라가서 동아일보사 사장인 친구 송진우를 만나 그의 생각을 털어놓고 의견을 내놓았다.

"어서 특파원 한 사람을 만주 장춘지방에 보내어 현지의 상황을 취재하도록 하게. 그리고 특파원을 봉천에서 장로교회를 지도하고 있는 백영엽 목사님에게도 보내 일제의 계략을 속히 전해야 해. 백 목사님은 중국인들과 아주 친분이 두터운 분이니까 이 일을 잘 해결할 거야."

"고당 참으로 놀랍네. 어떻게 그런 생각을…."

"지체할 시간이 없어. 어서 빨리 만주로 사람을 보내게."

이렇게 하여 동아일보사는 즉시 서범석 기자를 만주로 파견했다. 그리고 그에게 평화의 민간사절 임무까지 맡겼다.

서범석은 만주 현지에 가서 취재를 하며 조만식의 생각이 옳다는 것을 확신했다. 사방에서 난동이 일어났는데도, 일본인들은 한·중 양국 분쟁에는 전혀 손을 쓰지 않고 관망만 한다는 것을 알았다. 서범석도 확신을 갖고 봉천으로 백영엽 목사를 만나러 갔다.

"그래, 이 엄청난 사건의 전모가 일제의 계략이란 점을 누가 가장 먼저 알아차렸나요?"

"고당 조만식 선생이셨습니다. 또 저를 백 목사님께 직접 보내셨던 분도 고당이셨고요."

"이제까지 한·중 양국의 피해가 얼마나 컸습니까. 하지만 늦게라도 이런 계략을 알아차린 것이 다행입니다."

"그러니 목사님, 어서 양쪽 사람들의 간담회를 주선해주십시오. 더 이상 이런 참담한 비극이 일어나지 않게 막아야 합니다."

이렇게 하여 백영엽 목사는 봉천에 있는 중국 민간단체인 '외교협진회'를 찾아가서 간담회를 주선했다. 그리고 이때 한국 대표로 백영엽 목사와 서범석 특파원이 참석했고, 이 간담회를 통해 일본의 흉계가 폭로되고 그 대비책이 원만히 논의되었다.

한국에서는 〈동아일보〉와 〈조선일보〉가 일제히 한·중 양국은 이제 어서 화해를 도모해야 한다는 기사를 대대적으로 보도했다. 또 이와 때를 같이하여 봉천을 비롯해서 만주 각처에도 벽보들이 나붙었다.

'절대로 더이상 조선인을 살상하는 일이 없도록 하라.'

이렇게 하여 턱없이 과장된 만보산 사건과 그 참혹한 파장은 가까스로 끝이 났다. 한편 만주 침략의 결정적 기회를 엿보던 일본은 한·중 두 나라가 화해하자 잠시 주춤하는 듯했다. 하지만 느닷없이 왜 만보산 사건을 일본 탓으로 돌리느냐고 트집을 잡으며 그해 9월 18일에 만주 침략을 강행하고 말았다. 이것이 바로 '만주사변'이다.

위대한 신앙정신

　　　　　한편 고당 조만식 선생은 1932년 6월에
조선일보사 제8대 사장에 추대되었다. 그래서 그는 평양 기독교청
년회 총무직을 사임한 후 잠시 서울로 거처를 옮겼다. 하지만 이때
조선일보는 극심한 경영난에 빠져 있었고, 유석 조병옥은 자기가 인
수했던 이 신문사를 조만식에게 맡겨놓고 미국으로 유학을 떠나고
말았다.
　조만식은 우선 여기저기서 출자금을 모아 신문을 계속 만들었다.
그러나 개인의 힘만으로는 적자를 막아내기에 역부족이었다. 사유
재산을 모두 털어도 모자랄 판국이었다. 이때 마침 구제주 같은 사
람이 나타났다. 평안북도 정주에서 동아일보 지국장을 맡았던 방응
모였다. 그는 지국장 일을 하다가 중간에 광산업에 뛰어들었는데,
크게 성공하여 많은 돈을 모으게 되었다. 그래서 난항에 빠진 조선

일보를 인수할 생각을 하게 되었다.

어느 날 방응모는 서울로 고당을 찾아와서 자기의 뜻을 전했다.

"조선일보사 인수자를 찾고 있다는 말을 전해 듣고 찾아왔습니다."

"어서 오세요. 참으로 잘되었습니다. 그렇잖아도 마땅한 분을 찾고 있었지요."

"그런데 고당 선생님, 신문사는 제가 인수하겠지만 한 가지 조건이 있습니다. 들어주시겠습니까?"

"무슨 조건입니까?"

"사장의 직무는 고당 선생님께서 계속 맡아주셔야겠습니다."

"뜻이 정 그렇다면 그렇게 하지요. 또 이 신문사가 본 궤도에 오를 때까지는 내가 맡는 것이 마땅한 의무 같기도 하고요."

"감사합니다, 선생님."

이렇게 하여 조선일보사는 경영난에서 벗어나 발전을 거듭하게 되었다. 그리고 조만식은 1년 남짓 사장직을 맡은 후 모든 일을 방응모에게 일임하고 조용히 물러났다. 이때가 1933년 7월이었다.

사실 조만식은 그 동안 많은 일에 힘써 왔지만 자신을 위해 시간을 쓰는 데는 너무나 인색했다. 뜨겁고 끝없는 나라 사랑의 마음은 자신을 위한 시간을 허락하지 않았다.

1935년 8월 금강산에 있는 장안사라는 절에서 나흘 동안 '조선기

독교연합회'가 주최하는 하기수련회가 열렸다. 이때 고당 조만식 선생은 연사로 초청받아 장시간에 걸쳐 '참된 기독교인의 생활'이라는 제목을 가지고 연설을 했다. 이때 모인 사람들은 거의가 청년들이었다. 고당은 이들을 향해 열정적으로 자기의 신앙과 신념을 설교했다.

사랑하는 젊은이들이여.

'예수 그리스도를 믿고 있는 우리 기독교인들이 어떻게 살아야 할 것인가? 세상에 처한 우리의 자세는 어떠해야 할 것인가?'

오늘 나는 여러분과 이런 주제를 가지고 말씀을 나누고자 합니다. 저는 다음과 같이 세 가지 방면을 살펴보려고 합니다. 첫째는 하나님 앞에서 어떻게 살 것인가, 둘째는 자기를 향해서는 어떻게 살 것인가, 셋째는 다른 사람들을 향해서는 어떻게 살 것인가 하는 점입니다.

우리 인간은 시대와 환경의 영향을 받지 않고 살 수는 없습니다. 좋은 영향이든 좋지 않은 영향이든 어느 쪽이든 우리는 반드시 영향을 받게 되어 있습니다. 그러나 신앙생활에 있어 근본적인 문제만큼은 절대로 어느 한쪽으로 치우쳐서는 안 됩니다. 그래서 신앙생활의 세 가지 근본적인 문제를 이런 측면에서 비춰보고자 합니다.

첫째로, 우리가 하나님 앞에서 어떻게 살아야 하겠습니까? 이 질문에 우리는 몇 가지 삶의 태도를 예로 들어볼 수 있습니다. 단순한 신앙생활, 또 지성을 갖춘 이지적인 신앙생활, 영감에 넘치는 신앙생활 등입니다.

단순한 신앙생활이란 나이가 어린 아이들이나 나이 많은 노인들, 그리고 일반 부녀자들 사이에서 흔히 볼 수 있는 신앙생활 태도라고 할 수 있습니다. 이런 태도로 하나님을 믿고 사는 사람들은 신앙생활에 복잡할 것이 전혀 없습니다. 남이 믿으니까 나도 믿고, 믿고 사니까 마냥 기쁘고, 어떤 슬픈 일이 생기면 하나님께 하소연하여 즉시 해결해버리는 단순한 신앙생활이지요.

하지만 조금 지식을 가진 사람들은 이런 신앙을 수긍하려 들지 않습니다. 그래서 지식을 갖춘 사람들에게서 이른바 이지적인 신앙생활이 생겨났습니다. 흔히 학력이 있는 사람들이 이런 신앙을 가지게 되지요. 이런 사람들은 하나님을 믿되 자기의 생각을 가지고 소위 합리적인 사고방식과 논리적인 사고방식에 맞추어 하나님을 믿으려고 합니다.

이처럼 이지적인 신앙을 가진 사람들은 결코 미신에 빠지는 일이 없고, 쉽게 기복 종교에 빠지지 않는 장점이 있습니다. 그러나 이런 이지적인 신앙에도 두려운 함정이 있다는 것을 여러분은 반드시 알아야만 합니다.

예컨대 우주만물을 창조하신 하나님은 잘 믿고 있으면서도 예수 그리스도에게 신격이 존재한다는 사실은 이치에 맞지 않는다면서 부정해버리면 어찌 되겠습니까? 그래서 많이 배운 젊은이들 사이에 교회는 잘 출석하면서도 예수는 단지 천재적인 종교인이요, 어떤 성인보다도 더 뛰어난 성인이라는 정도로만 믿고 따르는 사람이 많이 생겨난 겁니다.

거듭 말하지만, 이지적인 신앙이 정확한 판단을 따를 때는 훌륭한 가치가 있습니다. 그러나 일면 회의의 함정에 빠져 헤쳐나오기 어려운 위험성도 있다는 사실을 여러분은 명심해야겠습니다.

그렇다면 하나님 앞에서 우리는 어떤 신앙을 가져야만 가장 바르게 살 수 있을까요? 바로 영감에 넘치는 신앙생활이 그 해답입니다.

영감에 넘치는 신앙생활이란 인간적인 요소가 다 제거되고 많은 기도 가운데서 오직 성령으로 말미암아 영위되는 삶을 가리킵니다. 그리고 이런 신앙생활을 해야만 누구나 진실해지고, 솔직하고, 충성할 수 있으며 소망에 넘치게 됩니다.

그런 대표적인 사람이 바로 사도 바울이었습니다. 그는 많은 학식을 가진 사람이었으나 다메섹 도상에서 그리스도의 음성을 친히 듣고 변화되었습니다. 전혀 다른 사람이 되어버렸습니다. 소위 지식의 신앙인이 영감의 신앙인으로 바뀌어졌습니다.

베드로도 그랬습니다. 그도 예전엔 인간적이었던 사람이었으나 오순절 성령을 받은 후 전혀 다른 사람으로 변하지 않았습니까?

그렇습니다. 우리는 단순한 신앙에만 머물러도 안 되고, 지적인 신앙에만 머물러도 안 되며, 성령 안에서 영감에 넘치는 신앙생활을 영위해야만 합니다. 이런 신앙생활을 하나님께서 가장 기뻐하시기 때문입니다.

수련회에 참석한 젊은이들은, 지극히 성경적이면서도 확신에 찬 메시지를 들으며 기쁨과 만족을 느꼈다. 고당의 연설은 계속되었다.

사랑하는 젊은이들이여.

이제 둘째로, 그렇다면 우리가 자기 자신을 향해서는 어떻게 살아야 하겠습니까?

한마디로 자기 자신을 향해서는 자신을 극복하는 극기 생활, 혹은 절제 생활을 해야 합니다. 이를 달리 표현하면 수양 생활이라고도 할 수 있겠지요.

현재 우리나라가 안팎으로 얼마나 어려운 처지에 놓여 있는지는 그 누구라도 잘 알 것입니다. 그런데 이런 악조건 속에 살고 있으면서도 예수님을 믿지 않는 젊은이들 중에는 아무런 목적도 목표도 없이 그저 흥청망청 세월을 보내는 이들이 있습니다. 절제를 잃어버리고 자신을 잃어버리고 사는 사람들이 너무나 많습니다.

그러나 우리 기독교 청년들은 절대로 그런 식으로 인생을 허비해서는 안 됩니다. 어떤 악조건이 눈앞에 가로놓여 있다 하더라도 더욱 분발하고 엄격하게 자신을 지켜나가야 합니다. 이것이 우리가 이 시대를 살아가는 사명이기 때문입니다.

우리 앞에는 개척하고, 건설하고, 개혁하고, 정리해야 할 일들이 얼마나 많습니까! 그리고 이런 일들은 도시에도, 농촌에도, 교회에도, 사회에도, 어디를 가더라도 쉽게 만날 수 있습니다.

그런데 보십시오, 이처럼 많은 일들을 두고서도 허다한 젊은이들이 무엇을 해야 할지 몰라 시간을 낭비하고 있습니다. 레코드에서 흘러나오는 잡가나, 퇴폐적인 이야기 아니면 현란한 음악회나 즐기면서 세월을 보내고 있는 형편이니, 그 결과가 어찌 되겠습니까? 향락에 침륜하고, 허영에 들뜨고, 마음을 빼앗긴다면 앞으로 우리나라의 진로는 어떻게 되겠습니까?

자, 이제야말로 우리가 예수님의 길을 예비했던 세례 요한에게 눈을 돌려야 할 때가 되었습니다. 예수님으로부터 '여자가 낳은 자 중에서 세례 요한보다 더 큰 자가 없다'는 칭찬을 받았던 그는, 평생 동안 광야를 자기 집으로 삼고 가죽옷 한 벌과 약간의 석청과 메뚜기만으로 연명하였습니다.

그가 나중에 헤롯 왕까지도 무서워하지 않고 부패한 죄악을 규탄했던 힘이 어디서 나왔겠습니까? 그런 힘은 바로 절제와 극기의 삶에서 나왔습니다. 언제나 그리고 누구에게나 절제와 극기는 그처럼 큰 힘을 줍니다.

공자도 먹는 음식을 부끄러워하고 입은 옷을 부끄러워하는 자와는 절대로 더불어 진리를 이야기하지 말라고 했습니다. 그런데 적국의 수도인 도쿄 바닥에서조차 우리 조선 학생들이 가장 사치를 즐기는 족속이라니 이 얼마나 기막힌 일입니까!

그렇습니다. 이 시대에 자기를 향한 가장 바람직한 삶으로는 극기보다 더 나은 것이 없습니다. 성경에도 자기를 다스리는 자는 성을 빼앗는 용사보다 낫다고 했습니다. 여러분도 자기 자신을 다스릴 줄 아는 사람이 되어야 합니다.

땀을 흘리며 열변을 토하는 조만식에게, 한 줄기 시원한 바람이 열변으로 목마른 갈증을 풀어주는 청량제처럼 스쳐갔다. 장안사 주변의 숲 속에서는 풀벌레 소리가 가득했고, 골짜기에 흐르는 물소리까지 합세하여 고당의 연설을 응원하는 듯하였다.

조만식의 목소리는 자연의 소리와 어우러져 더욱 또랑또랑하게 이어져갔다.

그럼 셋째로 우리가 다른 사람들을 향해서는 어떻게 살아야 하겠습니까? 이제 마지막으로 이 점을 말씀드리겠습니다.

이 세 번째 질문에도 우리는 단 한마디로 그 대답을 할 수 있습니다. 다른 사람들을 향해서는 봉사보다 더 나은 것이 없습니다.

봉사는 기독교인에게 있어 필수적인 요소입니다. 왜냐하면 기독교인이 되어서 봉사하는 생활을 하지 않는다면 그런 믿음은 죽은 믿음이기 때문입니다. 사실상 나 하나만 잘되면 된다는 믿음은 이 땅에 존재할 수 없습니다.

예수께서도 우리를 향하여 너희는 세상의 빛과 소금이 되라고 당부하였습니다. 소금은 자신이 녹아야만 그 역할을 다하게 되고, 빛은 밝게 비춰야만 그 맡은 역할을 다하게 됩니다. 주님이 빛과 소금이 되라고 말씀하셨던 것은 남을 위해 희생하고 봉사하라는 가르치심입니다.

또 예수께서는 나는 섬김을 받으러 온 것이 아니라 도리어 너희를 섬기러 왔다는 말씀도 하셨습니다. 그렇다면 기독교인에게 있어 봉사 생활이야말로 가장 필수적인 요소요, 그리스도인임을 드러낼 수 있는 모습이 아니겠습니까! 기독교인이라고 행세하면서도 봉사하지 않는다면 그것이 맛을 잃은 소금이 아니고 무엇이겠습니까!

어떤 사람은 이렇게 말하기도 합니다. 남을 위해 봉사하고 싶지만

마땅한 일거리가 없다고 말입니다. 그러나 그것은 아주 소극적인 자세로 자신을 합리화시키는 것밖에 되지 않습니다.

이런 사람은 사도 바울이 '믿음이 약한 형제를 위해서라면 나는 고기도 먹지 않고 포도주도 마시지 않겠다'고 했던 말을 음미해 볼 필요가 있습니다. 다른 이를 위하여 어떤 음식을 먹지 않고 마시지 않는 일 그것만으로도 충분히 훌륭한 봉사가 된다는 말 아니겠습니까.

사람은 누구나 이기적입니다. 자신을 위해 일하고 싶은 것은 인간의 본능입니다. 그러나 참된 기독교인이란 자기를 위한 삶보다는 남을 위해 사는 존재로서 변화되어가는 사람을 가리킵니다. 어떤 행동을 하느냐에 앞서 그 마음과 정신 자세가 더욱 귀중하고 소중한 것입니다.

옛말에도 '닭이 울면 일어나 오늘은 무슨 선한 일을 할까 하는 생각부터 해야 한다'고 했습니다. 우리는 아침 일찍부터 형제와 동포를 위해서 부지런히 봉사해야 합니다. 이것이 주께서 명령한 숭고한 사명이기 때문입니다.

사랑하는 젊은이들이여.

우리나라에 와서 선교했던 배위량 선교사는 이런 말을 했습니다. '내가 조선에 건너가서 전도했던 것은 내세의 구원을 위해서라기보다 현세의 민족적 구원을 성취하기 위함이었다'고 말입니다.

이처럼 오늘날 우리 젊은이들은 하나님 앞에서는 영감이 넘치는 신앙생활을 해야 합니다. 자신을 잘 다스리고 봉사와 사랑으로 이 세대를 변화시켜야 합니다. 이것이 바로 참된 기독교의 삶입니다.

이날 고당 조만식의 연설은 많은 젊은이들에게 현재 자신의 모습을 돌아보게 했고 많은 도전을 주었다.

광복은 왔건만

1937년에 접어들자 국내외 정세는 급박하게 돌아갔고, 난세로 치달았다. 바야흐로 전운의 먹구름이 짙게 덮여오고 있었다. 일제는 소위 '내선일체'라는 표어를 내걸고 민족말살정책을 교묘하게 펼쳤다. 고당 조만식이 물산장려운동과 관서체육회 등 일체의 공직까지 모두 강탈당하고 만 것도 바로 이 무렵이었다.

이때부터 일본 당국은 우리말과 우리글인 한글마저도 사용하지 못하도록 했고, 학교에서도 오직 일본어만 배우고 가르치도록 강요하였다. 교육도 실업 교육에만 치중하는 한편 군수공업 기술을 지닌 노동자 양성에만 주력하였다. 그것은 철저한 전쟁 대비책이었다.

일제는 또 우리의 모든 민족적 문화 활동을 엄격하게 금지시켰다. 그리고 〈동아일보〉와 〈조선일보〉 등 민족 신문을 다 폐간시켰고,

〈문장〉,〈인문평론〉등 한글로 만들어지는 잡지도 모두 폐간시켰다. '조선어학회' 간부들은 민족운동을 일으켰다는 죄목으로 모두 검거를 당했고, 문학자들은 일본어로만 작품을 쓰도록 강요받기도 했다. 그리고 우리 민족의 역사를 연구하던 '진단학회'의 활동도 차단시켰다.

또 우리 겨레에게 황국시민으로서 충성을 다하겠다는 맹세문을 수시로 제창하도록 하였고, 마침내는 창씨개명을 강요하기까지 했다. 사람들 이름을 모조리 일본식으로 바꾸어 부르도록 강요하였던 것이다. 한마디로 일본은 우리에게서 조선민족이라는 의식을 뿌리째 뽑고, 한걸음 더 나아가서 배달민족이라는 우리 존재까지도 이 지구상에서 완전히 말살시켜버리겠다는, 그야말로 가장 악랄한 정책을 폈던 것이다.

아니나 다를까, 1939년 제2차 세계대전 발발과 동시에 일본은 이해에 전면적으로 중국 침략을 감행하였다. 소위 대동아전쟁이었다.

또한 1941년 일본은 선전포고도 없이 미국에 도전하는 전쟁을 감행하였다. 그리고 이때부터 일제는 우리 민족을 악랄하게 수탈했다. 우리나라의 재산이 모두 군수물자로 동원되었고, 젊은이들은 전쟁터로 내몰렸으며, 중년층은 노무자로 끌려 나갔다. 그뿐 아니라 젊은 여인들은 정신대라는 명목으로 끌려가 전쟁터에서 온갖 수모를 겪어야만 했다.

또 신사참배 강요가 극에 치달으면서 교회는 몸살을 앓아야만 했다. 일본 천황에게 절하는 것은 우상숭배와 다름없으므로 많은 교회가 거부했다. 그 과정에서 주기철 목사와 같은 위대한 순교자가 나오기도 했다.

　이렇게 일본 정부가 더욱 기세를 부리던 어느 날, 평안남도 도지사가 조만식을 불렀다.

　"무슨 일로 나를 불렀습니까?"

　"다름이 아니라 이번에 결성된 국민총력연맹 평남지부의 고문 역할을 맡아주었으면 해서요."

　"국민총력연맹이라니요?"

　"이 시점에서 국민 전체가 똘똘 뭉쳐야 우리 일본이 전쟁에서 승리할 수 있잖겠습니까!"

　"내게 그런 높은 지위를 주는 것은 좋지만 그 일을 수락할 수가 없습니다."

　"아니, 왜요?"

　"내가 그런 일에 협력한다고 해서 당신들에게 이로울 것도 없는데다, 지금 전쟁을 치르고 있는 나라는 일본이지만 난 엄연히 조선 사람이기 때문입니다."

　"우리는 다 황국신민 아닙니까?"

　"천만에요. 내가 왜 일본 국민입니까. 나는 절대로 당신네 요청을 받아들일 수 없습니다."

　그들은 회유공작을 폈으나 조만식은 철저히 거부했다.

　한편 1935년 8월에 금강산 장안사에서 열린 하기수련회에서 신앙 강연을 한 후, 그는 송산교육회가 주최한 모임에서 젊은이들에게 강연하는 기회를 가졌다. 제목은 '청년과 사회봉사'라는 것이었으나

강연의 내용은 주로 신앙과 농촌운동에 관계된 것이었다.

젊은이 여러분.

몇 년 전에 미국의 어떤 학자가 우리나라를 방문하여 두루 살펴보고는 이런 말을 남기고 돌아갔습니다. '전 세계 청년 가운데 조선 청년들만큼 할 일이 많은 청년은 없을 것이다.' 이 얼마나 도전을 주는 말입니까.

예수님께서는 당시 유대 나라의 각처를 돌아다닌 후 '목자 없는 저 불쌍한 양들을 보라. 추수할 것은 많지만 추수할 일꾼이 적구나' 하고서 한탄하셨습니다. 만약 예수께서 오늘 우리 조선 땅에도 오신다면 우리에게 어떤 말씀을 하시겠습니까?

현재 우리나라 형편을 살펴본다면 정치, 경제, 교육, 문화 할 것 없이 어느 분야에든지 할 일이 너무나 많습니다. 아니, 우리나라는 현재 처음 발견된 대륙처럼 미개척지와도 같은 형편입니다.

이런 때야말로 우리 청년들이 하나님의 말씀을 듣고 깨어나지 않으면 안 됩니다. 현재 우리 젊은이들은 누구나 다 개척자가 되어야 하고, 하나님의 추수꾼이 되어 나서야만 합니다. 모세는 애굽의 왕자였음에도 불구하고 자기 민족을 구하려고 그 모든 영광을 집어던지고 떨쳐나섰습니다. 사실 우리 청년들에게도 지금 그런 신앙과 용기와 순교적인 결단이 필요한 것입니다.

무엇보다도 우리가 힘을 기르려면 먼저 농촌으로 눈을 돌려야만 합니다. 농촌을 앞서 일으키지 않고는 절대로 나라를 일으킬 수 없습니다. 모든 게 다 마찬가지이지만 농업 진흥은 더더욱 실천 없이는 이루어지지 않습니다. 신앙생활에도 반드시 실천이 필요하듯 나라의 운명이 달려 있는 농촌 문제 역시 실천이 앞서야 합니다. 여러분의 분발을 기대하고 또 기대하는 바입니다.

조만식의 이런 연설은 암담한 조국의 현실을 지키려는 절규였다. 그러나 우리나라는 이미 일제가 벌여놓은 참혹한 전쟁터가 되고 말았다. 시련의 연속이었다.

1934년 조만식은 사랑하던 아내 이의식을 잃었다. 아내가 세상을 떠난 지 3년 후, 조만식은 전선애와 재혼을 하였다. 당시 조만식의 나이 쉰다섯, 전선애는 서른세 살이었다. 물론 조만식은 이때부터 새 아내의 각별한 보살핌을 받았지만 젊었을 때와 마찬가지로 가정의 행복에 취해 지낼 틈이 없었다. 시국이 쉴 사이 없이 급변하고 있었기 때문이었다.

제2차 세계대전이 격렬하던 1943년, 그의 아들 연창이 학병으로 끌려가게 되었다. 너무나 가슴 아픈 일이었다. 나라를 위해 일을 하는 동안 아버지 노릇도 제대로 못했는데, 이렇게 끌려가면 살아 돌아올 수 있을지는 하나님만 아시는 일이었다.

"아버지, 제 한몸이라면 어디로 숨어 피할 수도 있지만, 그렇게 하면 아버지에게 어떤 폐를 끼칠지 몰라서…."

"잘 알겠다. 비록 몸은 일본군으로 끌려가더라도 마음만은 잃어버린 조국을 지키려무나."

"잘 알겠습니다. 아버지."

새벽이 오기 전 어둠이 더욱 짙듯, 1944년에 전 세계는 깊은 어둠에 싸여 있었다. 세계대전이 막바지로 치달으면서 세계 정국은 가히 한 치 앞을 내다보기 어려울 정도로 혼란스러웠다. 조만식은 깊이 생각한 후, 어느 날 한밤중에 가족을 이끌고 조용히 평양을 떠나 고향 땅을 향했다. 그해 5월, 그는 어지러운 난세를 피하여 은거 생활에 들어갔던 것이다.

강서군 반석면 반일리 안골, 여기가 바로 고당이 태어나 자랐던 고향이었다. 너무나 오랜만에 느끼는 포근함과 안식이 그곳에 있었다. 이때부터 고당은 안골에 거처 한 채를 마련하여 살면서 스스로 농사꾼이 되었다. 그것은 마치 수천 명의 대군을 거느리던 장수가 육중한 갑옷을 벗고 백의종군하는 모습과도 같은 것이었다. 그는 자기 손으로 무, 배추, 호박, 오이, 고추 등을 가꾸었다. 그것으로 가족들의 양식을 충분히 마련할 수 있었다.

조만식은 그렇게 고향에서 조용히 생활하면서 때를 기다리고 있었다. 누구도 쉽게 앞날을 예측할 수 없는 상황이었지만 조만식은 주위 사람들에게 늘 이렇게 힘주어 말했다.

"지금 일본은 자기네가 승리하고 있다고 떠들지만 그건 패자의 발악에 지나지 않는다."

"하나님은 의로우신 분이기 때문에 절대로 불의한 자 편에 서지 않으신다. 두고보아라. 하나님은 분명히 짓밟힌 우리 겨레에 광명의 빛을 가져다주실 것이다."

조만식은 어느 날 아내와 함께 이러한 대화를 주고받았다.

"여보, 내가 미리 부탁하고 싶은 말이 있소."

"뭔데요?"

"사람의 일을 누가 알 수 있겠소. 광복은 분명히 오겠지만 내가 그날을 보지 못하고 앞서 죽게 될지."

"어찌 그런 말씀을 하세요."

"앞날의 일은 누구도 예측할 수 없으니까 미리 일러두는 것이오. 내가 만일 독립을 보지 못하고 죽거든 묘지 비석에 아무것도 새기지 말고 나의 두 눈만 커다랗게 새겨주었으면 하오."

"왜 눈을 새겨달라는 건가요?"

"한쪽 눈으로는 일본이 망하는 것을 보고 싶고, 다른 한쪽 눈으로는 조국이 독립하는 것을 보고 싶기 때문이오."

민족의 독립을 염원하는 조만식의 뜨겁고 가슴 뭉클한 마음이 묻어나온 말이었다.

한편 고향 반석면 일대에는 부친이 물려주고 간 전답이 많았는데, 고당은 이 전답의 수확도 전혀 마음을 쓰지 않고 소작인들의 양심에 맡겼다. 그래서 그는 소작인들에게서만 아니라 일반 주민들에게서도 존경을 받았다. 게다가 너무 가난한 자에게서는 그냥 자기 전답을 경작하도록 하고 전혀 소작료를 받지 않기도 했다. 집이 그러다 보니 소작인이 밤에 몰래 조만식의 집을 찾아와 집안으로 돈을 던져 넣고 가버리는 일도 있었다.

세월이 흘러 1945년 8월 15일. 삼천리 방방곡곡에서는 만세소리가 진동하였다. 이날 정오 라디오 방송을 통하여 일본 천황은 떨리는 목소리로 항복을 선언했다. 물론 이때 라디오가 흔치 않아서 조만식은 직접 그 방송을 듣진 못했다. 그래도 일본의 패망의 소식은 금세 그에게까지 날아왔다. 얼마나 감격스러웠던지, 평양에서 살고 있던 아들 연명이 안골까지 숨가쁘게 뛰어와 이 일을 알렸다.

"아버지, 드디어 일본이 망했답니다."

뜻밖에 조만식은 아무 말도 없었다.

"아버지, 일본 천황이 항복했어요."

아들은 대답 없는 아버지를 향해 다시 한 번 큰 소리로 말했다.

"우리나라가 독립했습니다!"

조만식은 아무런 대꾸도 하지 않고 듣기만 했다. 너무나 감격스러운 소식이어서 믿어지지 않을 정도였다. 잠시 후 그는 말없이 고무신을 끌고 집을 나섰다. 산에 올라가 한동안 푸른 하늘을 바라보더니 이윽고 조용히 입술을 움직였다. 누구도 알아들을 수 없는 목소리로.

"오, 하나님. 감사합니다!"

그는 감격의 기도를 드리고 있었다.

이런 기도를 드린 후 몸을 움직이지 않고 두 시간 이상이나 혼자서 그냥 그렇게 기쁨과 감격으로 출렁이는 가슴을 달래고 있었다. 감격스런 눈물이 두 눈을 적셨다.

한편 평남도지사 니시가와가 보낸 특사가 조만식이 있는 안골에 도착한 것은 8월 16일 오후 늦은 시간이었다. 그는 사후 수습책을 논의하기 위하여 급히 조만식을 초청했던 것이다. 이때 고당의 나이 벌써 예순셋이었다.

이때부터 평양에서는 조만식을 중심으로 '조선건국준비 평남위원회'가 조직되었고, 서울에 있는 여운형과 연락을 취하면서 자주적인 정부 수립 준비에 들어갔다. 그리고 그동안 서울에 피난 가 있던 현준혁이 박헌영 파와 손을 잡고 평양에 내려와서 '조선공산당 평남지구당'을 창설했다. 이때 양쪽은 대립이 아닌 협력하는 관계로 존재했다.

그러다가 8월 24일을 전후하여 이북에 소련이 들어오고 이남에 미군이 들어오면서, 사정은 완전히 달라졌다. 두 강대국은 38선을 사이에 두고 우리나라를 남북으로 분할하여 점령해버렸기 때문이다. 게다가 이북을 점령한 소련군은 현준혁 일당을 제거하고 자기들이 데리고 들어온 이른바 '김일성 장군'이라는 젊은이 하나를 내세워 괴뢰 정권을 수립하는 쪽으로 밀어붙였다. 모처럼 맞게 된 광복의 기쁨도 채 누려보지 못한 채, 우리 겨레가 둘로 나뉘는 비극을 겪게 된 것이다.

이런 시대적 상황 속에서 조만식은 자신의 백성을 위해 십자가를 짊어지고 생명이 다하는 그날까지 고난의 길을 걸어갔다. 그는 힘들고 외로운 길을 꿋꿋이 걸어간 위대한 지도자였다. 그의 생애에는 신앙이 뿌리 깊게 놓여 있었다. 그리스도를 본받아 평생을 자신보다는 나라를 위해 헌신하는 숭고한 신앙인의 삶을 그는 잊지 않았다.

그는 우리 민족사에 가장 힘들고 어려운 시기에 태어나 시대의 운명을 짊어지고 간 한국의 간디였다. 뜨거운 애국심과 실천적인 신앙으로 일관된 그 삶의 발자취는 오늘날 우리에게 많은 교훈과 감동을 주고 있다.

  그는 1946년에 고려호텔에 연금된 후, 가족은 월남시키고 자신은 그곳에 남았다. 그리고 그 뒷이야기는 알지 못하지만, 그의 업적을 기리며 1970년 대한민국은 그에게 '건국훈장 대한민국장'을 수여했다.

1883년	2월 1일, 조경학과 김경건의 독자로 태어나다.
1888년(6세)	서당에서 한학을 배우기 시작하다.
1897년(15세)	박씨와 결혼하다. 포목점을 시작하다.
1902년(20세)	박씨와 사별하고 이의식과 재혼하다.
1905년(23세)	숭실학교에 입학하다. 기독교를 받아들이다.
1908년(26세)	일본으로 유학하다.
1910년(28세)	메이지 대학교 전문부 법학과에 진학하다.
1911년(29세)	재일본동경조선유학생학우회를 발족하다.
1913년(31세)	대학 졸업 후 오산학교에 부임하다. 2년 뒤에는 교장으로 승진하다.
1919년(37세)	만세운동에 참가하다. 망명을 시도하다 옥고를 치르다.
1921년(39세)	평양 YMCA 총무로 취임, 1932년까지 총무로 일하다.

1922년(40세)	조선물산장려회를 결성, 회장에 취임하다.
1923년(41세)	평양 산정현교회의 장로로 선출되다. 숭인학교 교장에 취임하다.
1927년(45세)	신간회 결성에 참가하다.
1932년(50세)	조선일보사 사장에 취임하다. 9개월 만에 퇴사, 평양으로 돌아와 물산장려회와 관서체육회 일을 돌보다.
1934년(52세)	이의식 여사가 세상을 떠나다.
1937년(55세)	전선애 여사와 결혼하다.
1945년(63세)	가족을 데리고 고향 강서로 내려가다. 해방 후에 건국위원회 평안남도위원회장으로 선출되다. 공산 정부를 구성하려는 지도부와 마찰을 빚다. 조선민주당을 창당하다. 신탁통치 반대운동을 하다.
1946년(64세)	고려호텔에 연금되다.

모든 사람과 더불어 화평함과 거룩함을 따르라
이것이 없이는 아무도 주를 보지 못하리라
히브리서 12장 14절

실천 · 적용 편

"화평으로 하나님께 영광을!"

—

세상이 말하는 평화, 곧 화평은 다툼이 없고 온 화한 상태입니다. 그러나 하나님이 말씀하시는 화평은 우리가 먼저 손을 내밀고 용서하며 만들어가는, 그리스도인의 적극적인 의무입니다. 고당 조만식은 공의를 실현하기 위해 투쟁하되 '화평'이라는 방법을 선택했습니다. 하나님께서는 화평한 자에게 주신다 약속하셨던 땅을 그는 차지했습니다. 수많은 제자와 영향력이라는 크나큰 땅을 말입니다.

'우리 민족이 일제의 압제로부터 벗어나 참된 자유를 얻으려면 우리 민족 전체가 깨어나 하나로 뭉쳐야만 한다.'
이것이 당시 조만식의 확고한 신념이었다. 조만식은 평양을 중심으로 한 관서지방에서 이 운동을 기독교 신앙운동으로 승화시켜나갔다. 이런 그의 활동은 살아 계신 하나님의 인도하심 없이는 아무 일도 이룰 수 없다는 확고한 믿음 때문이었다. 그래서 조만식은 평양에서 주축으로 활동했던 기독교 신우회까지도 신간회 활동에 합류시켰다. (182쪽)

부록2

말씀과 성품 씨앗 심기

'화평'이란?

충돌이나 다툼이 없이 평화로운 상태를 화평이라고 합니다. 하나님께서는 '땅을 주겠다'고 약속하실 만큼 우리가 서로 화평하기를 바라셨습니다. 지금 나는 어떤 사람인가요? 화평하는 사람인가요, 화평을 깨뜨리는 사람인가요?

말씀의 전신갑주를 입고 전진!

생활 속에서 화평을 실천하기 전에 먼저 하나님의 말씀으로 옷 입는 것이 중요합니다. 성경암송을 통해 소망을 마음판에 새기는 시간을 가져보세요(다 외웠으면 직접 적어보세요).

1단계 화평하게 하는 자는 복이 있나니 그들이 하나님의 아들이라 일컬음을 받을 것임이요 (마 5:9)

_____

_____

2단계 그의 십자가의 피로 화평을 이루사 만물 곧 땅에 있는 것들이나 하늘에 있는 것들이 그로 말미암아 자기와 화목하게 되기를 기뻐하심이라 (골 1:20)

_____

_____

3단계 온전한 사람을 살피고 정직한 자를 볼지어다 모든 화평한 자의 미래는 평안이로다(시 37:37)

_____

_____

_____

_____

_____

4단계 오직 위로부터 난 지혜는 첫째 성결하고 다음에 화평하고 관용하고 양순하며 긍휼과 선한 열매가 가득하고 편견과 거짓이 없나니 화평하게 하는 자들은 화평으로 심어 의의 열매를 거두느니라(약 3:17,18)

_____

_____

_____

_____

_____

_____

생활 속에서 직접 해보는 화평 훈련

가정 내가 먼저 손 내밀기

가장 사랑하는 사람과 다투게 된다면, 사랑하는 만큼 속상하고 마음도 아플 거예요. 우리는 엄마, 아빠, 형제자매와 사이좋게 지내고 싶지만 때로는 생각이 달라서 다투는 일도 있어요. 그럴 때 서로 내 마음을 몰라준다고 토라지기보다는 먼저 마음을 열고 손을 내밀어보세요. 분명히 하나님께서 화해할 좋은 방법을 알려주실 거예요.

구체적 적용 집에 가족끼리 쓰는 일기장을 하나 마련해보세요. 일기장 뒤켠엔 기도노트 칸도 만들고요. 직접 말로 하기 쑥스러울 때, 먼저 화해를 청하고 싶은데 부끄러울 때, 다른 생각과 의견이 있을 때 등, 온 가족이 함께 쓰고 보고 기도하는 일기장이 있다면, 일기를 쓰는 페이지가 늘어나는 만큼 다툼은 줄어들 거예요.

학교 평화 우체부

성격과 성별이 다른 친구들이 모여 있는 교실. 하루종일 크고 작은 다툼이 잦을 거예요. 슬프게도 요즘은 예전보다 아이들 사이의 다툼이나 따돌림이 훨씬 많고 커졌다고 해요. 그렇다고 해서 여러분까지 똑같이 다툼에 휩쓸리면 안 되겠죠? 여러분은 주위를 화평하게 하는 어린이가 되어야 해요. 하나님이 그렇게 하라고 말씀하셨으니까요.

구체적 적용 화평우체부가 되어 보세요. 친구들의 이야기를 충분히 듣고 공감해주기, 먼저 화해 하기, 편지 전해주기 등 할 일이 참 많아질 거예요. 그만큼 하나님의 칭찬도 커지겠죠?

규장 신앙위인 북스 14

조만식

개정판 1쇄 발행	2012년 11월 26일
초판　1쇄 발행	1994년 3월 30일
초판 10쇄 발행	2007년 5월 2일

지은이	오병학
펴낸이	여진구
책임편집	김소연
편집 1실	안수경, 이영주, 박민희
편집 2실	김아진, 최지설, 김수미, 유혜림
기획·홍보	이한민
책임디자인	이혜영, 전보영, 마영애, 정해림
해외저작권	김나은
마케팅	김상순, 강성민, 허병용, 이기쁨
마케팅지원	최태형, 최영배, 이명희
제작	조영석, 정도봉
경영지원	김혜경, 김경희
이슬비전도학교	엄취선, 전우순, 최경식
303비전성경암송학교	박정숙, 정나영, 정은혜
303비전장학회 & 303비전꿈나무장학회	여운학

펴낸곳	규장

주소 137-893 서울시 서초구 양재2동 205 규장선교센터
전화 02)578-0003　팩스 02)578-7332
이메일 kyujang@kyujang.com　홈페이지 www.kyujang.com
트위터 twitter.com/_kyujang　페이스북 facebook.com/kyujangbook
등록일 1978.8.14. 제1-22

ⓒ 저자와의 협약 아래 인지는 생략되었습니다.
이 출판물은 저작권법에 의해 보호를 받는 저작물이므로 무단 전재와 무단 복제를 할 수 없습니다.

책값 뒤표지에 있습니다.
ISBN 978-89-6097-213-1 03230

규 | 장 | 수 | 칙

1. 기도로 기획하고 기도로 제작한다.
2. 오직 그리스도의 성품을 사모하는 독자가 원하고 필요로 하는 책만을 출판한다.
3. 한 활자 한 문장에 온 정성을 쏟는다.
4. 성실과 정확을 생명으로 삼고 일한다.
5. 긍정적이며 적극적인 신앙과 신행일치에의 안내자의 사명을 다한다.
6. 충고와 조언을 항상 감사로 경청한다.
7. 지상목표는 문서선교에 있다.

하나님을 사랑하는 자 곧 그의 뜻대로 부르심을 입은 자들에게는 모든 것이 合力하여 善을 이루느니라(롬 8:28)

규장은 문서를 통해 복음전파와 신앙교육에 주력하는 국제적 출판사들의 협의체인 복음주의출판협회(E.C.P.A:Evangelical Christian Publishers Association)의 출판정신에 동참하는 회원(Associate Member)입니다.